はじめに

日本企業の人事・労務分野について、過去20年ほどを振り返ってみると、時代ごとの社会情勢や日本経済の状況、労働者の価値観の変化などを反映する形で、様々なトレンドが浮かんでは消えていくことが繰り返されてきました。例えば、バブル崩壊後の10年ほどの期間は、「成果主義」が日本企業の人材マネジメント領域を席巻していました。その後、成果主義の揺り戻しという流れの中で、成果までの過程にフォーカスする「コンピテンシー」を軸にした評価制度（評価項目・指標）であったり、社員の「モチベーション」に重きを置いた人材マネジメントなどがトレンドになりました。ここ最近で言うと、ＩＴ技術を人事・労務分野に積極的に取り込んでいく「ＨＲテック」や、雇用形態間での不合理な処遇格差を是正する「同一労働同一賃金」などが、大きなトレンドとなっています。

筆者は人事担当者もしくは人事コンサルタントとして、約20年間、この人事・労務分野に実務者として携わってきました。この間、制度関連や法律関連のより細かい部分にまで目を向けると、目まぐるしくトレンドが移り変わってきたように思います。そして、他の分野と同じように、この人事・労務分野においても、近年ではその変化のスピードがますます速くなってきていることを日々実感しています。

本書で取り扱うテーマは、「生産性向上」になります。当該テーマは、企業の現場では「働き方改革」という形で取り組みがなされているケースが多いのですが、今日の人事・労務分野における最大のトレンドと言っても過言ではないでしょう。本書の第1章でも具体的に解説しますが、「少子高齢化」という日本社会・日本経済の構造的な問題であったり、ここ数年で改めて世間の注目が高くなっている「長時間労働」の問題などが、その背景として存在します。そして、企業の取り組みをさらに押し進める要因となっているのが、政府による積極的な推進です。働き方改革や生産性向上といったテーマは、個別企業だけでなく日本全体における大きな課題であることの表れと言えるでしょう。

「生産性向上」の実現に向けた企業のアプローチについては、大きく2つの分野に分けることができます。その1つが、

「業務の改善／改革」といった取り組みです。業務（仕事、職務）の内容やプロセスを見直すことを通じて、効率性を高めていく手法になります。かつて、大手企業を中心に実施されてきた「BPR（ビジネス・プロセス・リエンジニアリング）」や「ERPパッケージの導入」などが該当します。最近では、「RPA（ロボティック・プロセス・オートメーション）」といったソフトウェアを活用し、定型業務を中心に自動化を進めるといった手法が注目を浴びています。いずれにしても、業務の改善／改革といった生産性向上アプローチは、「仕事」そのものにフォーカスした取り組みになります。

他方、もう1つの生産性向上アプローチが「人材マネジメントの改革」です。いわゆる働き方改革はこちらに該当する取り組みになります。柔軟な勤務形態の導入や休暇取得の促進など、社員の働き方を見直すことを通じて、結果として生産性を上げていくアプローチになります。また、働き方改革以外にも、人事制度を通じて社員の生産性意識を高めるといった施策や、教育研修を通じて社員や組織の能率性を高めるトレーニングなども、この「人材マネジメント改革」の生産性向上アプローチに含まれます。先ほどの業務改善／改革の場合とは異なり、いずれも「人」にフォーカスした取り組みになります。

本書では、15年以上にわたる人事コンサルティングの経験を踏まえた上で、「人」の側面からの生産性向上アプローチ、すなわち「人材マネジメント改革」を通じた生産性向上アプローチについて解説を行っています。具体的には、本書の前半では、「人」の側面からどのように生産性向上への取り組みを行っていくのかについて、理論的／体系的な方法論を紹介しています。また、本書の後半では、人材マネジメント関連の生産性向上施策について、「50」の具体策を紹介しています。具体策については、よくある施策だけでなく、少しエッジの効いた施策も取り上げています。

これから働き方改革や生産性向上への取り組みを具体的に検討されるすべての方に参考となる書籍になっていますので、是非、本書をその一助として活用いただければ幸いです。

二〇一八年十一月

株式会社新経営サービス　人事戦略研究所
岩下　広文

目次

第4章／生産性向上に向けたアプローチ・63

第5章／生産性向上に向けた具体的取り組み施策50・87

2 労働時間制度関連の具体策／122

3 物理的施策関連の具体策／*152*

4 研修・トレーニング関連の具体策／172

第1章

生産性向上が求められる背景

そもそも「生産性」や「生産性向上」とは何か？

初めに、そもそも「生産性」とは何かについて、解説します。生産性と一口に言っても、実はその捉え方にはいくつかあります。大きく分けると、1つ目が人を軸にした「労働生産性」、もう1つが資本を軸にした「資本生産性」です。いずれが良いのかということではなく、国としてまたは企業として何を軸に生産性を捉えるかの違いになります。ただ、一般的に生産性と言う場合は前者の「労働生産性」を指すことが多く、また本書は〝人事〟がテーマですので、以降のページでは原則として「労働生産性」としての生産性という前提で解説を進めていくこととします。

生産性というのは、最も単純な算式で表すと「アウトプット÷インプット」になります。すなわち、「1投入量当たり、どれだけの量や金額を生み出すことができたか？」ということです。例えば、労働生産性であれば、1人当たりの売上高や付加価値、もしくは1労働時間当たりの売上高や付加価値高になります。

当然、1投入量当たりの量／金額をできるだけ増やすことが理想的です。それが「生産性を向上させる」ということです。そのとき、生産性を上げるには大きく2つの方法があります。1つ目が「インプットは同じままでアウトプットを増やす」という方法、2つ目が「アウトプットは減らさずにインプットを減らす」という方法です。労働生産性で言えば、前者は「社員数や労働時間数は増やさずに売上高や付加価値高を増やす」ことであり、後者は「売上高や付加価値高を減らさずに社員数や労働時間数を減らす」ということになります。

ただ、これこそが生産性向上の難しい点になります。売上高や付加価値高を増やそうとすると、どうしても人や時間を増やしたくなってしまいます。逆に、単純に社員数や労働時間数を減らすと、売上高や付加価値高がそれに応じて減ってしまう可能性があります。したがって、このような難しさがある中で、「どのように生産性を上げていけるのか」、すなわち「1人当たりもしくは1時間当たりの売上高や付加価値高をどのように増やしていけるか」が、大きな検討テーマになります。

「アウトプット」と「インプット」の関係性で決まる生産性

- 生産性を最も広義で定義すると，「アウトプット÷インプット」で算出される結果ということになる。
- したがって，生産性を向上させるためには，「アウトプットを増やす」「インプットを減らす」ことが必要となる。

◆「生産性」とは……

1投入量当たり，どれだけの量や金額を生み出すことができたか？

生産性

＝ 産出量〈アウトプット〉 ÷ 投入量〈インプット〉

※実際には，第一義的に生産性を「労働ベース」で捉えるか，「資本ベース」で捉えるかによってその性質が大きく分かれることになる。また上掲の算定式では，アウトプットとインプットともに「量」で定義しているものの，実際には金額や数で捉えることもある。

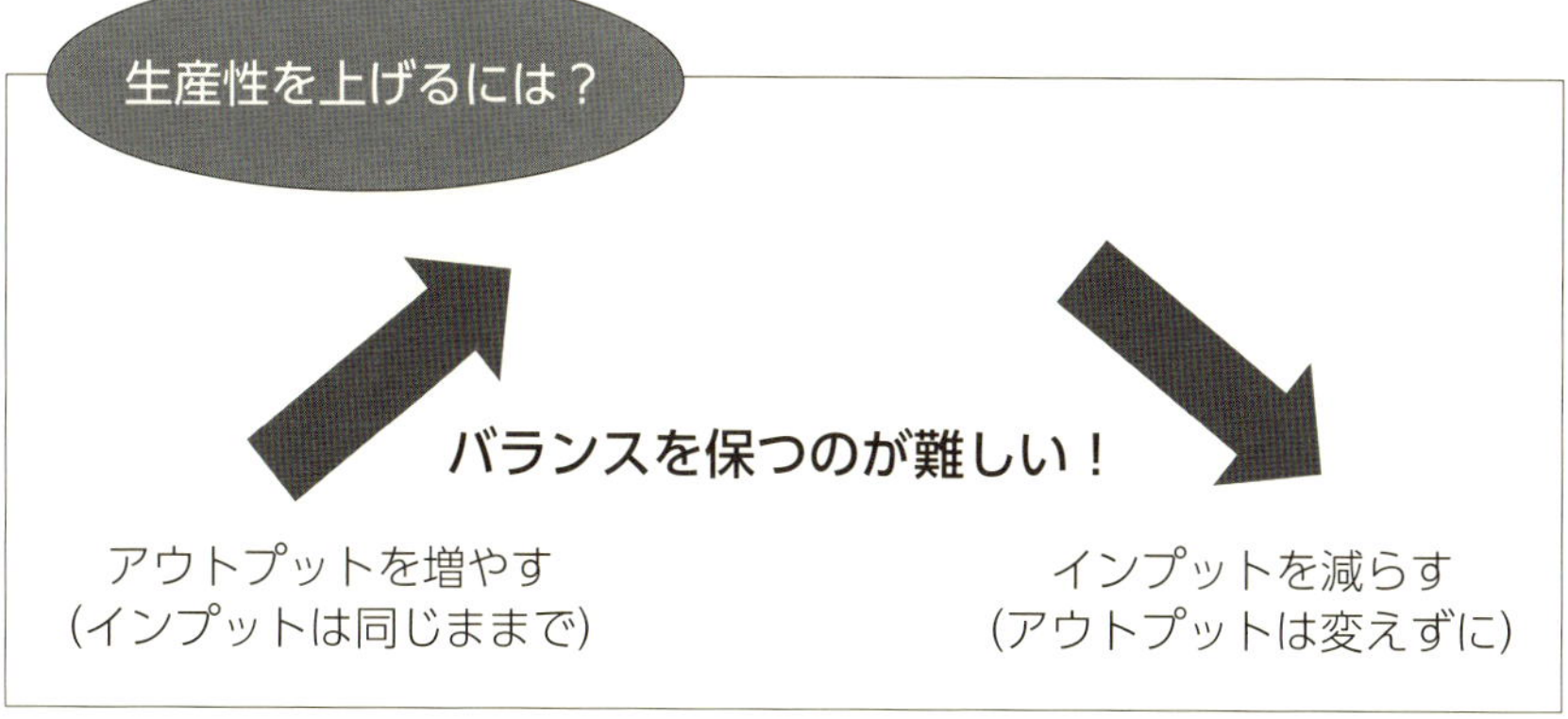
生産性を上げるには？
バランスを保つのが難しい！
アウトプットを増やす
(インプットは同じままで)
インプットを減らす
(アウトプットは変えずに)

日本における生産性の現状、過去推移

今日、様々なメディア等において、日本社会や日本企業における「生産性向上」の必要性が叫ばれていますが、そもそも、現在およびこれまでの日本の生産性はどのような水準／傾向にあるのでしょうか？　それを表したのが左のページのグラフです。

このグラフは、日本の労働生産性をマクロ的な観点で算出し、その結果を時系列で表したものになります。具体的には、グラフが示している「労働生産性」というのは、「日本全体のＧＤＰ（実質）」を「日本全体の労働時間」で割ることで算出しています。すなわち「日本の労働者が1時間働いて生み出したＧＤＰ」と言い換えることができます。

グラフを見ていただければ分かるように、過去20年ほどの期間の中では、マクロ的な観点での労働生産性は上昇傾向にあります。なお、グラフの折れ線上で1カ所のみ大きく落ち込んでいる部分がありありますが、これはご承知のとおり、リーマンショックがあった時期になります。そのような特殊な時期を除けば、日本の労働生産性というのは、実は継続的に上がり続けている状況にあるのです。

このような具体的なデータを見ることなく、昨今の「日本はもっと生産性を高めていくことが必要」という論調だけで日本の実状を推察してしまうと、「日本の生産性は低下傾向にあるのでは…」という誤った認識に陥ってしまう恐れがあります。しかしながら、実態としては決してそのようなことはなく、日本全体としての労働生産性というのは、これまでのところ、上り調子にあるのです。

ただ、グラフの傾きを見ただけでは分かりづらいかもしれませんが、リーマンショックまでの15年程度の期間における労働生産性の上昇率と、リーマンショック後の5～6年間の上昇率とでは、後者のほうが伸び率が鈍化傾向にあります。すなわち、日本社会／日本企業の生産性向上のペースが鈍ってきていることも事実です。したがって、日本国内の状況だけを捉えても、この辺りは今後に向けた大きな課題であると言えます。

上昇傾向にある日本の労働生産性

●生産性を日本全体で捉えた場合，過去20年以上の大きなトレンドとしては上昇傾向にある。
●生産性が大きく落ち込んでいる部分は，リーマンショックが発生した時期（2008年前後）である。

【上表の生産性の算出方法】
●労働生産性＝実質GDP÷延就業時間
※「実質GDP」は，内閣府の『国民経済計算』より引用
※「延就業時間」は，総務省の『労働力調査』のデータに基づき弊社にて算出

諸外国との生産性の比較

前ページのグラフは、日本だけの生産性の状況を表したものになりますが、今度は諸外国との比較結果を表したグラフを左のページに掲載しています。このグラフは、OECD加盟国の労働生産性を比較したものであり、ここでの労働生産性は「労働者1人当たりのGDP」で算出した数値になります。このグラフについては、新聞等を含めて色々なメディアで掲載されているので、ご覧になられた方も多いのではないでしょうか。

実はこのグラフこそが、日本社会や日本企業における「生産性の問題点」を如実に表しています。先ほどの日本国内の生産性だけでは、問題の深刻さが分かりづらいかもしれませんが、諸外国と比較すると、日本の労働生産性がどれだけ低い状況にあるのか、ということが一目瞭然です。具体的には、アメリカやフランス、ドイツといった先進7ヵ国の中で最も低いだけでなく、35カ国で構成されるOECDの平均値よりも、日本の生産性は低い状況にあります。トップのアイルランドと比較すると、日本の労働生産性はおよそ半分にすぎません。

もちろん、国ごとに人口構成や主要産業が異なっているため、1人当たりGDPの数値をもって「日本の労働生産性が低い」と結論づけるのは、必ずしも適切ではないという見方もあります。そもそも、比較の前提条件が違うので、その結果だけをもって生産性の高低を論じることはできない、ということです。例えば、ルクセンブルクなどは、人口も少ないですし、何より産業の中心が金融業であるため、1人当たりのGDPという算式で労働生産性を算出すると、やはり高めに出てきます。

しかしながら、そうは言っても、日本の生産性が低い状況にあるというのは、まぎれもない事実でしょう。よく比較されるアメリカの6割程度の水準でしかありませんが、だからと言ってアメリカと日本との間で産業構造に大きな違いがあるわけではありません。

日本国内だけを見れば継続的に生産性は上昇してはいるものの、諸外国と比べた場合の生産性生の低さを踏まえると、日本企業の生産性はまだまだ改善余地があるということになります。

諸外国よりも低い水準にある日本の労働生産性

●日本の労働生産性は，OECD加盟国（35カ国）の中で中位よりも下（21位）に位置している。
●また，OECD加盟国の平均値（92,753$）よりも低い水準（81,777$）にある。

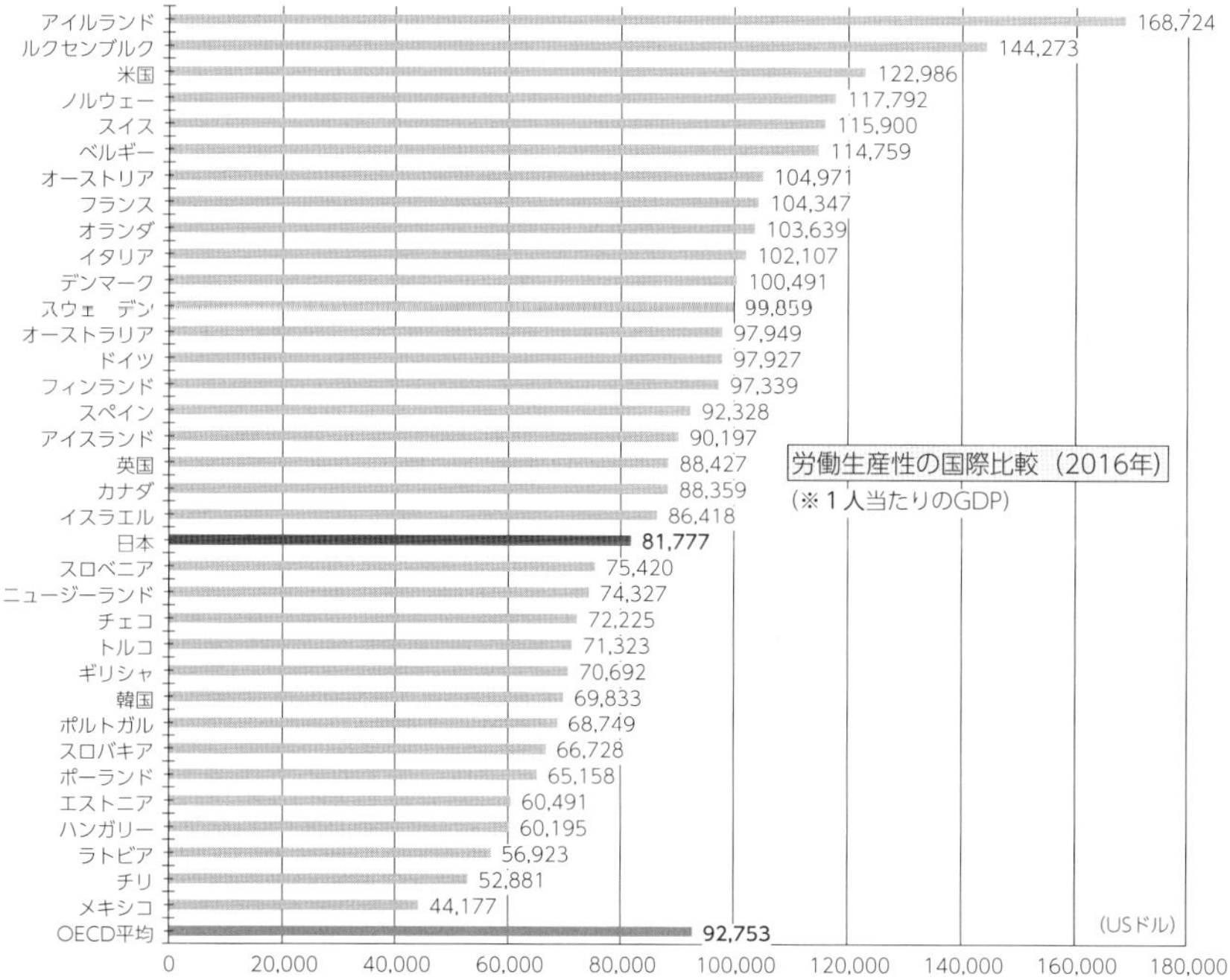

【上表の生産性の算出方法】
●労働生産性＝GDP÷就業者数
※上表のデータは，日本生産性本部の『労働生産性の国際比較2017年版』より引用。対象はOECD加盟国
※各国のデータ算出にあたっては，購買力平価方式にて調整が行われている

なぜ、今の日本で「生産性の向上」が求められるのか？

日本社会や日本企業で「生産性の向上」が求められている背景を整理すると、3つの現状を挙げることができます。もちろん、ここで取り上げる以外の要因もあるかもしれませんが、日本の現状や将来を見据えると、この3つが主たる理由になると考えます。

1つ目の理由は、「少子高齢化に伴う労働力人口（生産労働人口）の減少」です。日本の社会・経済における構造的な問題そのものであり、これこそが日本が真剣に労働生産性の向上に取り組まなければならない第一義的な理由になります。労働力人口の減少が避けられない中で、企業の経営や事業を継続的に維持していくためには、「少ない人数で多くのアウトプットを生み出す」ことが求められます。すなわち、人が減っていく中ではインプットを増やすことでアウトプットを増やすことができませんので、自ずからインプット当たりのアウトプットを増やさざるを得ないということです。

2つ目の理由は、「長時間労働問題に対する抜本的対策の必要性」です。近年、長時間労働問題に対する行政／司法の対応や国民の目線は、厳しさを増しています。行政や国民の目線が厳しくなっているから、長時間労働問題の解決に取り組まなければならない…というのは、筋が違うのかもしれません。しかしながら、企業経営の現実として、この問題を放置しておくことは企業価値を大きく損なうリスクを抱えることになります。長時間労働の問題解決には、様々なアプローチが必要になりますが、売上等のアウトプットを減らさずに、残業時間を適正化していくためには、1人ひとりの生産性を高めていくことが必要になります。

3つ目の理由は、「グローバルでの企業間競争力の強化に向けた利益率の向上」です。日本企業は、同じ業界の欧米のトップ企業と比べると、「売上高」といった規模の面で大きく見劣るケースが多いのですが、併せて「利益率」が低いという問題も抱えています。そして、その理由の1つとして、日本企業の生産性が悪さが指摘されています。生産性が悪いということは、必要以上に人件費というコストがかかってしまうからです。

日本で生産性向上が求められる３つの背景

●現在の日本社会においては，様々なメディアにおいて「生産性向上」の必要性が叫ばれている。
●日本企業やその社員に「生産性向上」が求められている背景には，以下の３つの現状がある。

■少子高齢化に伴う労働力人口（生産労働人口）の減少

▶日本社会では，これから漸次的に労働力人口が減っていく。そのような中，企業の採用現場では「人が採りづらい」状況が年々深刻化しており，最近では人不足による「事業の縮小」や最悪のケースとして「人不足倒産」まで発生している。
▶企業活動の最も重要な資本である“ヒト”を量的に確保できない状況下では，「質的」な側面から対策を取ることが避けられず，「１人当たりのアウトプットを引き上げる」ことが多くの企業で喫緊の課題となっている。

■社会問題化した長時間労働問題に対する抜本的対策の必要性

▶ここ数年，長時間労働に対する行政の対応や国民の目線は厳しさを増している。このため，問題が発生しそれが公になると，「企業ブランドの低下」や「人材確保の（更なる）困難化」といった致命傷を企業は負うことになる。
▶長時間労働を低減させるには多面的な取り組みが必要となるが，中でも，１人ひとりの働き方を見直し「短時間・高成果」な社員を増やしていくことは，非常に重要なアプローチとなる。

■グローバルでの企業間競争力の強化に向けた利益率向上の必要性

▶諸外国の同業他社と比較した場合，日本企業は利益率が低い状況となっている。すなわち，他国のグローバル企業よりも日本企業は採算性が悪いということであり，その主因として「低い生産性」が挙げられる。
▶利益率が低いということは，ライバルとなる他国の同業他社よりも投資余地が限られることになる。グローバルでの企業間競争が激しくなっていく中では，生産性向上によって採算性を改善し，成長への投資余力を増やしていくことが求められている。

労働力人口の過去推移と将来推計

ここからは、日本社会／日本企業で生産性の向上が求められている3つの理由について、根拠となる具体的なデータや資料を交えながら解説を行います。まずこのページでは、1つ目の理由である「少子高齢化に伴う労働力人口（生産労働人口）の減少」についてです。

左のページに掲載したグラフは、日本における労働力人口の動向を表したものになります。このグラフのうち、実線部分がこれまでの「過去推移」を表しています。2000年初頭までは日本の労働力人口は増加傾向にあったものの、その後の20年ほどは徐々に減少傾向にあることが分かります。

続いて、グラフの破線部分は今後の「将来推計」を表しており、ここでは2つの予測値を掲載しています。うち1つの予測値は、「日本経済が成長し、かつ労働力（女性や高齢者）の参加も今まで以上に進む」という前提条件で試算した推計値です。いわゆる「楽観モデル」に該当する予測値にはなりますが、このケースの場合でも今後の労働力人口の減少率は今までよりも大きくなると予想されています。

一方、もう1つの将来推計は、いわゆる「悲観モデル」に該当する予測値になります。具体的には「日本経済が成長せず、かつ労働力の参加はこれまでどおり」という厳しい前提条件で将来試算を行った推計値です。このケースの場合、日本の労働力人口は2030年には6000万人を割ると予想されています。すなわち、ピーク時よりも1000万人ほど労働力人口が減るということです。極めて単純に考えると、働き手がピーク時の7分の6になってしまうため、例えば従業員70人の会社であれば、2030年には60人になってしまうかもしれない、という状況が想定されることになります。

今後、どちらの将来推計に近くなっていくのか、もしくはもっと良くなるのか、もっと厳しくなるのか…については、現時点では何とも言えません。しかしながら、労働力人口が持続的に減っていくことは間違いないため、どの企業にとっても「生産性の向上」は避けて通ることのできない大きな経営課題になります。

減少傾向にある日本の労働力人口

●労働力人口の過去推移は，2000年前後を境に頭打ちとなっており，その後は逓減傾向にある。
●将来推計では，最も厳しい予測の場合，2030年には6,000万人を下回ると予想される。

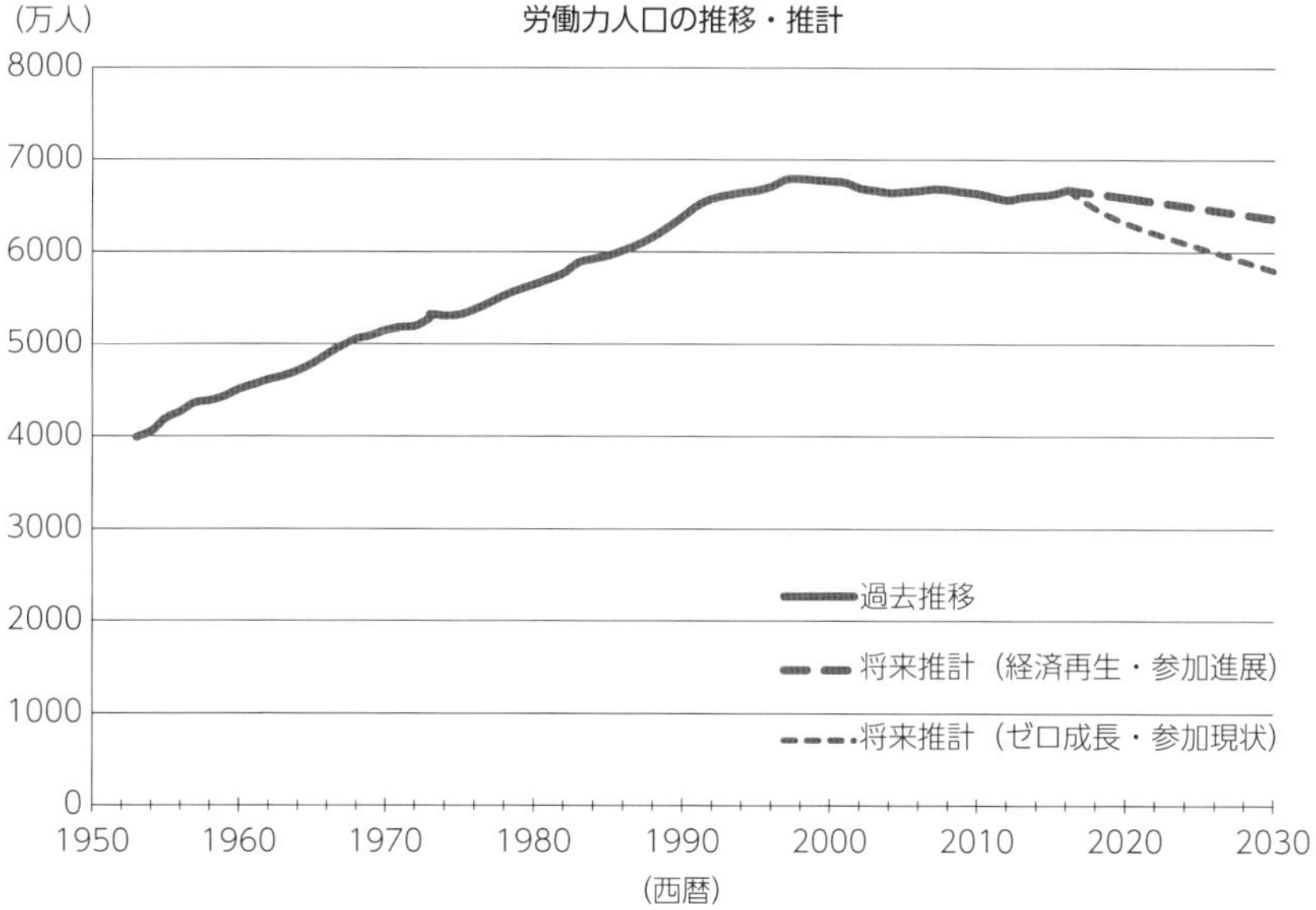

※上表のデータのうち，「過去推移」については，総務省の『労働力調査』より引用
※「将来推計」のデータは，独）労働政策研究・研修機構の『労働力需給の推計（平成27年）』より引用

長時間労働に対する行政の動向

このページでは、日本において生産性が求められる背景／理由の2つ目である「長時間労働問題に対する抜本的対策の必要性」について、具体的な資料を踏まえた解説を行います。

左のページには、「長時間労働等に対する行政の動向」に関する資料を掲載しています。具体的には、平成29年の1月に厚生労働省より出された『違法な長時間労働や過労死等が複数の事業場で認められた企業の経営トップに対する都道府県労働局長等による指導の実施及び企業名の公表について』という通達の中から、主要な部分を抜き出したものになります。ここ数年、各種労働問題に対する行政の対応はますます厳しくなっています。特に、長時間労働に対する行政の取り締まりは非常に厳しくなっており、その最たる例がこの通達になります。

通達の具体的な内容ですが、社会的に影響力の大きい企業において、違法な長時間労働の実態が認められた場合、企業名の公表に至るケースもあるといった行政対応が規定されています。ここで言う「社会的に影響力の大きい企業」の定義ですが、通達では「中小企業に該当しない企業」とのみ記載されています。おそらく、過去の同様の通達における記載内容から考えると、「中小企業基本法に規定する**【中小企業者】**に該当しない企業」であると推察されます。

行政対応は大きく2段階に分かれています。1段階目の場合は、企業名の公表までには至らず、労働基準監督署長による指導に留まっています。一方、より深刻な長時間労働の事態を引き起こした企業には2段階目の対応が課されることになり、この場合、労働局長からの指導と併せて企業名の公表がなされることになります。

先ほども述べたとおり、企業名が公表されるリスクがあるから、長時間労働の問題解決に取り組まなければならないと考えるのは、本来的には筋が違うかと思います。ただ、長時間労働の問題を放置しておくと、これまで以上に企業のレピュテーション（評判）リスクを増大させる恐れがあるという点については、しっかりと認識しておくことが必要です。

長時間労働に対する労働行政の取り締まり強化

●平成29年１月，厚労省より違法な長時間労働等の是正に向けて，以下の通達が発行。
●社会的に影響力の大きい企業にて違法な長時間労働の実態が認められた場合，企業名の公表に至るケースもある。

【違法な長時間労働や過労死等が複数の事業場で認められた企業の経営トップに対する都道府県労働局長等による指導の実施及び企業名の公表について】

〈取組の概要〉

(1) 署長による企業の経営幹部に対する指導

違法な長時間労働や過労死等（過労死等防止対策推進法（平成26年法律第100号）第２条に定義された「過労死等」をいう。以下同じ。）が複数の事業場で認められた企業の経営幹部に対して，本社を管轄する署長から，早期に全社的な是正・改善を図るよう指導を行うとともに，指導に対する是正・改善状況を全社的な監督指導により確認すること。

(2) 局長による企業の経営トップに対する指導及び**企業名の公表**

上記(1)の監督指導において再度違法な長時間労働等が認められた企業，又は，違法な長時間労働を原因とした過労死（過労死等のうち死亡又は自殺未遂をいう。以下同じ。）を複数の事業場で発生させた等の企業の経営トップに対して，本社を管轄する局長から，早期に全社的な是正を図るよう指導を行うとともに，指導を行った事実を企業名とともに公表すること。なお，当該公表は，その事実を広く社会に情報提供することにより，他の企業における遵法意識を啓発し，法令違反の防止の徹底や自主的な改善を促進させ，もって，同種事案の防止を図るという公益性を確保することを目的とし，対象とする企業に対する制裁として行うものではないこと。

※上掲の記載内容は，厚生労働省労働基準局長による通達『違法な長時間労働や過労死等が複数の事業場で認められた企業の経営トップに対する都道府県労働局長等による指導の実施及び企業名の公表について（基発0120第１号／平成29年１月20日）』より引用

諸外国の企業との利益率の比較

日本において生産性が求められる背景／理由のうち、3つ目である「グローバルでの企業間競争力の強化に向けた利益率向上の必要性」について、このページで具体的な解説を行います

左のページでは、「諸外国との利益率の比較」に関するデータを掲載しています。このデータは経済産業省が平成23年に作成した『グローバル需要の取り込みに向けて』という資料の中から引用したものであり、欧米企業と日本企業の利益率を比較したグラフになります。利益率については、売上高に占める本業利益の割合を示す「売上高営業利益率」を示しています。なお、記載のデータは2000年～2010年までの数値ですので少し古いですが、日本企業における本質的な問題点を表しているという意味で今回紹介させていただきます。

グラフをご覧いただければ分かるとおり、日本企業の売上高営業利益率は、アメリやヨーロッパの企業と比べると、非常に低い水準にあります。アメリカと比べると、およそ半分程度の利益率です。グラフには掲載されていない2010年以降については、日本経済全体が回復基調にあるため、2000年代よりも欧米企業との差は縮まっているかもしれませんが、おそらく、依然として日本企業のほうが利益率が低い状態にあるという状況に、大きな相違はないと推察されます。

では、なぜ日本企業の利益率は欧米企業よりも低い状態にあるのかということですが、これについては様々な理由が考えられます。ただ、本書でも後述しますが、日本企業における雇用や働き方の実態を踏まえると、労働生産性が低いという点も利益率を低下させている大きな要因であると捉えて間違いないでしょう。

国内だけの企業間競争であればいざしらず、利益率の高い欧米諸国とグローバル市場で戦っていくためには、当然、この利益率が低いという問題を解決することが必要です。そうしないと、競争力強化に向けた投資力の面で劣ってしまうからです。したがって、日本企業には生産性を高めていくことを通じて、利益率の改善に取り組むことが求められているのです。

欧米諸国よりも低水準にある日本企業の利益率

●欧米企業と日本企業の利益率を比較すると，日本企業は圧倒的に低い水準にある。
●本業の利益を示す営業利益の対売上高比率について，日本企業はアメリカ企業の半分程度の水準にある。

売上高営業利益率の推移

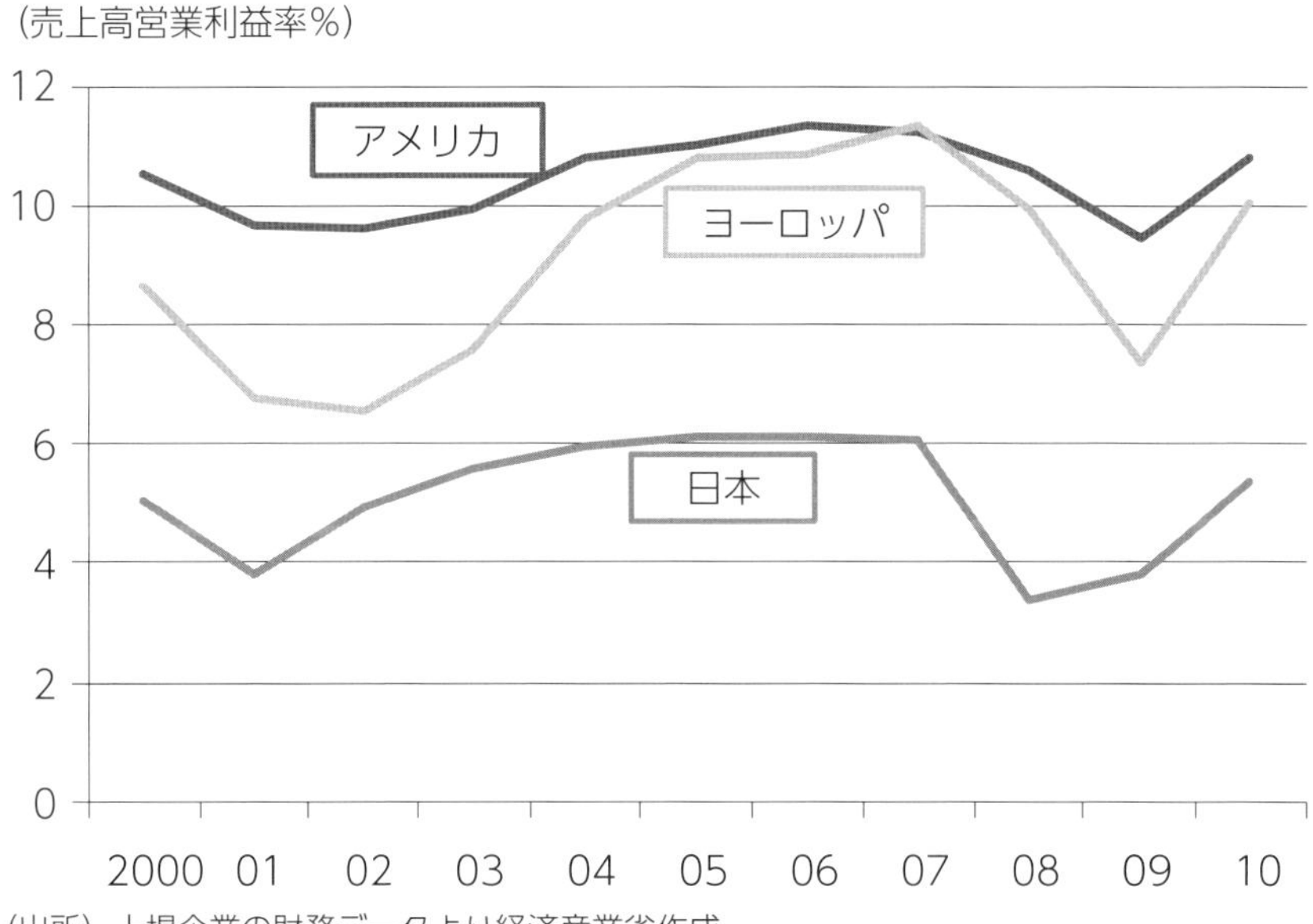

(出所) 上場企業の財務データより経済産業省作成
(注１) 日本は東証上場企業，アメリカはNYSE総合指数の構成企業，ヨーロッパはEU加盟国（1995年時点の15カ国）の主要株価指数を構成する企業。
(注２) 2000年から2010年にかけて欠損のない企業の値のみの集計している。
(注３) 金融・保険業を除く。
(注４) 自国企業以外は集計から除いている。

※上表の資料は，経済産業省の『グローバル需要の取り込みに向けて（平成23年)』より引用

生産性向上への取り組みに対する国の支援

第1章の残りでは、企業が生産性向上に向けた取り組みを推進するにあたっての参考となる情報について、簡単に紹介しておきたいと思います。

まず左のページでは、企業が生産性向上に向けた取り組みを実際に行う際、国からどのような支援を受けられるのかについて、具体的な支援内容を掲載しています。これまでに実施された4つの支援事例を掲載していますが、生産性向上との関係で特に役立ちそうなのが、上から1つ目と2つ目になります。

1つ目は厚生労働省による支援措置であり、具体的には、企業が一定の生産性向上を実現した場合、労働関係助成金（人事評価改善等助成金、キャリアアップ助成金、人材開発支援助成金など）についてその割り増しを行うという制度です。生産性向上に関して人事・労務的な側面からの支援を受けたい場合には、この制度が適しているかと思います。

2つ目は中小企業庁による支援措置であり、生産性を高めるための設備を企業が取得した場合、税制面での優遇を受けられる制度です。「中小企業等経営強化法」に基づく措置であるため対象となる企業に規模的な制限はありますが、設備投資を通じて労働生産性を高めたい場合には、このような支援を受けることも考えられます。

その他にもいくつかの支援措置があります。自社で生産性向上に取り組む場合、何らかの投資が必要になるケースも多いかと思いますので、必要に応じて検討されることをお勧めいたします。

なお注意点ですが、国や地方の行政機関による支援内容は年度ごとに変わっていきます。また、支援内容は同じであっても、支援を受けるための条件が変わることもあります。したがって、実際に生産性向上に向けた行政支援を活用されたい場合には、その時点でどのような支援内容があり、かつどのような条件が求められているかについて、改めて調査・確認が必要となります。なお、厚生労働省が主管となっている助成金については、その申請を専門に取り扱っている社会保険労務士にまずは確認してみるのも良いでしょう。

補助金を中心とした生産性向上への行政支援

●生産性向上に関する行政支援は，助成金割増や税額控除など多岐にわたっている。
●当面は手厚い行政支援が続くと想定されるため，生産性向上に向けて上手く活用していくべき。

■生産性向上による，労働関係助成金の割増（厚生労働省）

✓人事評価改善等助成金，キャリアアップ助成金，人材開発支援助成金など一部の労働関係助成金を利用した企業について，生産性の伸び率が「生産性要件」を満たす場合，助成の割増等を実施

■中小企業等経営強化法（中小企業庁）

✓生産性を高めるための設備を取得した場合，固定資産税の軽減措置（３年間1/2に軽減）や中小企業経営強化税制（即時償却等）により税制面から支援

■IT導入補助金（経済産業省）

✓ITツール（ソフトウエア，サービス等）を導入しようとする事業者に対して，その経費の一部を補助（※中小企業者等が対象）

■ものづくり中核人材育成事業（経済産業省）※平成29年度

✓ものづくり中小企業・小規模事業者が，製造現場で働く中核人材に対して技能・技術の向上等に関する講習を受講させる際の必要経費を補助

※上掲の行政支援は平成29年度までに実施されたものである。平成30年度以降についてはすでに廃止や変更となっているものがあるため，改めて関係機関に確認いただきたい。

生産性向上に向けた企業の取り組み事例〈人事面中心〉

生産性向上に向けた取り組みを行う際の参考情報の2つ目として、実際にどのような企業がどのような取り組みを行っているかについて紹介します。

厚生労働省では、『働きやすく生産性の高い職場のためのポータルサイト 事例紹介』というサイトを立ち上げています。このサイトでは、その名のとおり、生産性向上に実際に取り組んだ会社の実例が複数掲載されています。左のページでは、そのうち人事面での取り組みを行っている6つの会社について、施策の概要を掲載しています。SCSKや伊藤忠商事の取り組みについては、働き方改革の観点から様々なメディアでも取り上げられているので、ご存知の方も多いのではないでしょうか。

なお、実際のサイトでは、業務面での取り組みも含めて、様々な事例が掲載されています。したがって、今後、実際の取り組みを検討するにあたり、具体的な事例を情報収集したい場合には、是非、このようなサイトの情報も活用いただければと思います。

人事面の取り組みについては、整理すると「労働時間削減」「有休取得促進」「評価制度の活用」の3つに分けることができます。左のページで掲載している事例については、いずれも、ある意味「よくある取り組み」になってくるかとは思います。ただ、実際には、そのような「よくある取り組み」をいかに〝継続的〟に〝根気よく〟実践できるかが、生産性向上を実現させる上では重要になります。

要は、これらの事例を通じて理解いただきたいのは、生産性向上を飛躍的に実現させるような「ウルトラC」の施策というのは、特に人材マネジメントの領域では基本的にはないということです。したがって、実際に生産性向上という成果を生み出すためには、当たり前の取り組みをトップダウンの下でいかに組織や社員に根づかせていけるかが、実は大切になってきます。

なお、本書の後半では、人材マネジメント関連の生産性向上施策を「50」紹介しています。一般的な施策も含まれますが、一方でエッジの効いた施策も取り上げていますので、是非参考にしてください。

人事面での生産性向上施策の実施例

●「労働時間削減」「有休取得促進」「評価制度の活用」などが，人事面の主な取り組みである。
●なお，人事面の取り組み以外にも，業務改革・改善のアプローチを並行実施しているケースが多い。

SCSK株式会社	• 労働時間削減に対するインセンティブ（固定残業代） • 有給休暇取得促進（一斉有休取得日の設置など） • 所定就業時間短縮（10分／日の短縮）
サントリーシステムテクノロジー株式会社	• テレワーク（在宅勤務）の推進（２年目以上） • 会議＆メール半減活動 • 自己研鑽推進（「５％ルール」）
ダイキン工業株式会社堺製作所	• ５日連続有休取得 • 週1 回以上の定時退社 • 休日出勤の原則禁止
伊藤忠商事株式会社	• 朝型勤務制度 •「働き方改革推進内容」を評価項目に追加 • 早朝に任意参加型の研修を実施
株式会社千葉銀行	• 業績評価・人事考課に「総労働時間縮減」を反映 •「各人が退行時間を宣言する」キャンペーン
大豊工業株式会社	• 残業低減（多能工化等） • 有休取得促進 • ダイバーシティ推進（法定上回る育児休暇・短時間勤務制度等）

※資料出所：『働きやすく生産性の高い職場のためのポータルサイト 事例紹介』（厚生労働省）

第2章

生産性を具体的に理解する

生産性の一般的な定義について

このページからの第2章では、「生産性を具体的に理解する」というテーマの下、生産性の詳しい定義であったり、労働生産性に影響を与える要因について解説を行います。これから生産性向上に向けた取り組みに着手する場合、いきなり具体的な施策から検討を始めるのではなく、まずは生産性の本質を十分に理解しておくことが大切になります。そこの理解が欠落していると、結局は的外れな施策や取り組みに陥ってしまう恐れがあるからです。

このページでは、生産性の詳細な定義を理解していただくために、生産性指標の具体的な算出方法を紹介します。本書の冒頭において、生産性の最も簡単な定義（アウトプット÷インプット）はすでに説明ずみですが、ここではより踏み込んだ定義について解説を行います。

本書で主たるテーマとしている「労働生産性」についてですが、大きくは「物的労働生産性」と「価値労働生産性」の2つに分類されます。前者は分子であるアウトプットを生産量という「物量」ベースで捉えた指標であり、逆に後者は生産額という「金額」ベースで捉えた指標になります。なお、これら2つの生産性指標は当然に関係性を有しており、具体的には、前者の物的労働生産性に製品価格を乗じることで、後者の価値労働生産性が算出されることになります。これは、計算式をご覧いただければ分かるかと思いますが、生産量に製品価格を乗じることで生産額が算出されるからです。

労働生産性については、「付加価値労働生産性」という指標もあります。この場合は、先ほどの価値労働生産性における生産額を「付加価値額」に置き換えることで算出できます。要は、「1人当たり（または1時間当たり）の付加価値額」であり、労働生産性の一般的な定義としてよく使用される指標になります。

このように、生産性の定義を具体的な計算式で捉えることによって、しばしば抽象的な概念で語られることも多い生産性というものを、多面的かつ構造的に理解することが可能になります。したがって、紹介した計算式に基づき、まずは自社の生産性を算出してみてください。

生産性を多面的に理解するための算出方法

●生産性には様々な定義があるが，以下は代表的な「労働生産性」と「資本生産性」の定義である。
●以下のように生産性の定義を分解することで，生産性の構成要素を多面的に理解することができる。

(1) 労働生産性

【物的労働生産性】生産量÷従業者数
【価値労働生産性】生産額÷従業者数
＝(生産量×製品価格)÷従業者数
＝(生産量÷従業者数)×製品価格
＝**物的労働生産性**×製品価格
【付加価値労働生産性】付加価値額÷従業者数
＝(生産額÷従業者数)×(付加価値額÷生産額)
＝**価値労働生産性**×付加価値率
＝**物的労働生産性**×製品価格×付加価値率

※上記数値は「１人当たり」の労働生産性
従業者数を労働時間数に変更すると，「１時間当たり」の労働生産性

(2) 資本生産性

【資本生産性①】生産量÷有形固定資産
＝(生産能力÷有形固定資産)×(生産量÷生産能力)
＝固定資産１単位当たり生産能力×稼働率
【資本生産性②】生産量÷有形固定資産
＝(生産量÷従業者数)÷(有形固定資産÷従業者数)
＝**物的労働生産性**÷労働装備率

人事部が把握すべき（管理すべき）生産性の捉え方〈労働生産性〉

本書は、企業の生産性向上を実現するために、「人」の側面からどのようなアプローチや施策が考えられるかについて、解説・紹介することを主目的としています。このため、本書でターゲットとなる生産性の定義としては、繰り返し述べているように、人を軸にした「労働生産性」が該当することになります。したがって、このページ以降で「生産性」という言葉を使っている場合は、原則として「労働生産性」を指すものとします。

前ページでも、労働生産性の具体的な捉え方についいはて解説しましたが、どちらかというと一般的・教科書的な定義を紹介しました。このページでは、より実務的な観点から、企業の人事部や人事担当者が把握すべき労働生産性の捉え方について説明します。

すでに述べたように、生産性を最も簡易的に定義すると、「アウトプット÷インプット」の算式で表すことができます。このうち、まずは分子にあたる「アウトプット」の捉え方ですが、1つ目の観点は「アウトプットの単位」になります。これは、前ページの一般的な定義でも区分していたように、「量的な捉え方」と「金額的な捉え方」の2種類があります。前者は、生産量や販売量などであり、後者は売上高や付加価値高などが該当します。アウトプットに関するもう1つの観点としては「アウトプットの範囲」です。これについては、全社単位、部署単位、チーム単位などが考えられます。

次に、生産性の分母にあたる「インプット」の捉え方ですが、これもアウトプットと同様に「単位」と「範囲」という2つの観点で整理することができます。「インプットの単位」としては、「人」または「時間」のいずれかになります。一方、「インプットの範囲」については外注業者なども含めた「全従業者」、自社で雇用する「全社員」のみ、自社で雇用する非正規以外の「正社員」のみ、などの捉え方があります。

このように、一口に労働生産性と言っても、実際にはアウトプットとインプットのいずれについても、様々な捉え方があります。いずれの捉え方を採用するかは、企業の業種や生産性向上の目的などによります。

労働生産性におけるアウトプットとインプットの捉え方

- 労働生産性における「アウトプット」と「インプット」の捉え方については，それぞれ「単位」と「範囲」という２つの観点で整理できる。
- それぞれについてどのような捉え方するかは，企業の業種や生産性向上の目的などによって決定されることになる。

生産性 ＝ アウトプット ÷ インプット

【労働生産性】におけるアウトプットの観点

〈観点１〉アウトプットの単位（性質）

量	生産量，販売量，サービス量（客数）…
額	売上高，付加価値高，生産高…

〈観点２〉アウトプットの範囲＊1

全社	一企業における全社のアウトプット
部署	社内の特定部署または部署別のアウトプット
チーム・PJ	事業活動における最小組織別のアウトプット

【労働生産性】におけるイントプットの観点

〈観点１〉インプットの単位

人	社員総数または業務従事者総数
時間	総労働時間数または総業務従事時間数

〈観点２〉インプットの範囲

全従事者	「被雇用者＋外注社員」のすべて＊2
全社員	被雇用者に該当するすべての社員＊2
正社員	被雇用者のうち非正規以外の社員

▶最も一般的な「労働生産性」………　売上高（全社）÷ 社員数（全社員）

▶把握・管理すべき「労働生産性」…　付加価値高（全社）÷ 総労働時間（全社員）

＊１：アウトプットの範囲は，自ずからインプットの範囲にも適用されることになる。
＊２：インプットの単位が「人」の場合，正社員以外は労働（従事）時間に応じた換算が必要。

業種ごとの労働生産性の捉え方

労働生産性の捉え方（＝労働生産性の算出方法）について、このページではさらに深掘りして考えてみたいと思います。具体的には、労働生産性を構成するアウトプットとインプットについて、業種ごとの特性を踏まえた場合、どのような単位・範囲で数値項目を設定するべきか、ということです。

労働生産性の定義や捉え方には複数の考え方・方法があるということは、すでに述べたとおりです。したがって、自社が管理・把握すべき生産性数値を算出するために、数ある定義・捉え方の中からいずれを採用すべきかについては、自社の「業種」をまずは考慮することになります。なぜなら、業種によって重視すべきアウトプットやインプットの内容は当然に異なるからです。例えば、アウトプットの部分について、小売業では付加価値高よりも売上高が重視される傾向にありますが、逆にＩＴ企業の場合は付加価値高も売上高と同等もしくはそれ以上に重視される傾向にあります。これは、ＩＴ企業の場合には、自社で請け負った業務の遂行にあたり外注企業を利用するケースも多く、その場合、売上高の一部は実質的に外注企業によって生み出されているためです。

左のページでは、労働生産性の算出に使用する、業種ごとのアウトプットとインプットの項目一覧を掲載しています。このうち、アウトプットであれば売上高、インプットであれば社員数・労働時間数は、業種に関係なく広く労働生産性の算出に使用される項目です。一方、特に「量的なアウトプット」の部分については、業種ごとの特性を反映した数値項目が複数あり、例えば小売業の「客数」や運輸業の「積載量」などがそれに該当します。なお、インプットについては、業種によって「業務従事者数」や「業務従事時間数」を使用することもあります。この〝業務従事者〟という定義・単位は、自社で雇用している社員だけでなく、外注社員なども含めて労働生産性を算出したい場合に採用されます。

同じ業種の中でも複数の捉え方がありますが、その中からいずれを採用すべきかについては、生産性向上の「目的」によって決定することが必要です。

業種特性を考慮した労働生産性の捉え方

●様々な捉え方がある中で，業種によってフォーカスすべき労働生産性は当然に異なる。
●労働生産性の分析・比較を行う場合，少なくとも自社の業種に合った定義を採用することが必要。

業種	【アウトプット】	【インプット】
製造業	生産量，売上高，付加価値高，生産高	社員数，業務従事者数，労働時間数，業務従事時間数
小売業	販売量，**客数（購買客数）**，売上高	社員数，労働時間数
卸売業	売上高	社員数，労働時間数
建設業	**建築延べ床面積**，売上高，付加価値高	社員数，業務従事者数，労働時間数，業務従事時間数
運輸業	**積載量，走行距離数**，売上高	社員数，業務従事者数，労働時間数，業務従事時間数
金融業	売上高（収益），付加価値高	社員数，労働時間数
不動産業	**販売物件数**，売上高	社員数，労働時間数
IT企業	売上高，付加価値高	社員数，業務従事者数，労働時間数，業務従事時間数
サービス業	**客数（接客数，購入客数）**，売上高	社員数，労働時間数

いずれの数値項目を採用するかは，生産性向上の目的による

（例）製造業で工場の省力化や省人化を進めることが最終的な目的であれば，「生産量」

生産性向上の目的が「省人」であれば，人ベース。生産性向上の目的が「省力」であれば，時間ベース。
業務従事者までとするかは，業務委託の割合による。＊1

＊1：アウトプットが「付加価値高」の場合，外注費用はその算出にあたり除外されるため，業務委託者数を含めることは妥当ではない。

生産性の定義が不十分だとどうなるか？

生産性向上への取り組みを進めていくにあたっては、まずは自社が管理すべき生産性の定義を明らかにした上で、その定義に従って具体的にターゲットとすべき生産性数値を設定することが必要です。その後、目標となる生産性数値の実現に資するような具体的な施策を立案し、社員に展開していくという流れが、生産性向上に関する基本的なアプローチになります。

それでは、もし生産性の定義が不十分なまま、生産性向上に向けた具体的な取り組み施策の立案・展開に着手してしまうと、どのような問題があるのでしょうか？

「生産性の定義が不十分」な状態としては、2つのケースが考えられます。1つ目は「生産性の定義（目標）が〝欠如〟している」状態です。これは、目指すべき生産性数値を何ら設定せず、いきなり生産性向上に向けた施策の立案や実行に着手するケースが該当します。この場合に想定される問題としては、「具体的な生産性向上施策まで落とし込めない」「生産性向上の取り組み成果を評価（効果測定）できない」などが挙げられます。目指すべきゴールが定まっていないわけですから、具体的な検討にまで至らなかったり、仮に施策を検討・設定できたとしてもその効果を測定することができない、などの状況に陥ってしまうのは当然の結末と言えます。

「生産性の定義が不十分な状態」の2つ目としては、「生産性の定義が〝ズレている〟」といったケースです。この場合、「生産性の定義から導出した施策が目的に沿った成果に結びつかない」や「実施施策の成果と評価結果にズレが生じる」などの問題につながる恐れがあります。例えば、〝人手不足への対応〟が生産性向上の目的であった場合、本来的に目指すべき生産性数値は「1人当たりのアウトプット」という人ベースで設定することになります。しかしながら、もし目標としての生産性数値を「1時間当たりのアウトプット」という時間ベースで設定し、その実現に向けた取り組み施策を立案・展開してしまうと、成果も「省力化（時間削減）」にとどまってしまい、本来目指すべき「省人化（人数抑制）」といった成果にまで結びつかない可能性があります。

生産性の定義が“あいまい”な場合の問題点

●生産性の向上に取り組む場合，目的に沿った具体的な「生産性の定義」を行うことが必要。
●生産性の定義が不十分なままでは，生産性向上への取り組みが失敗に終わる恐れがある。

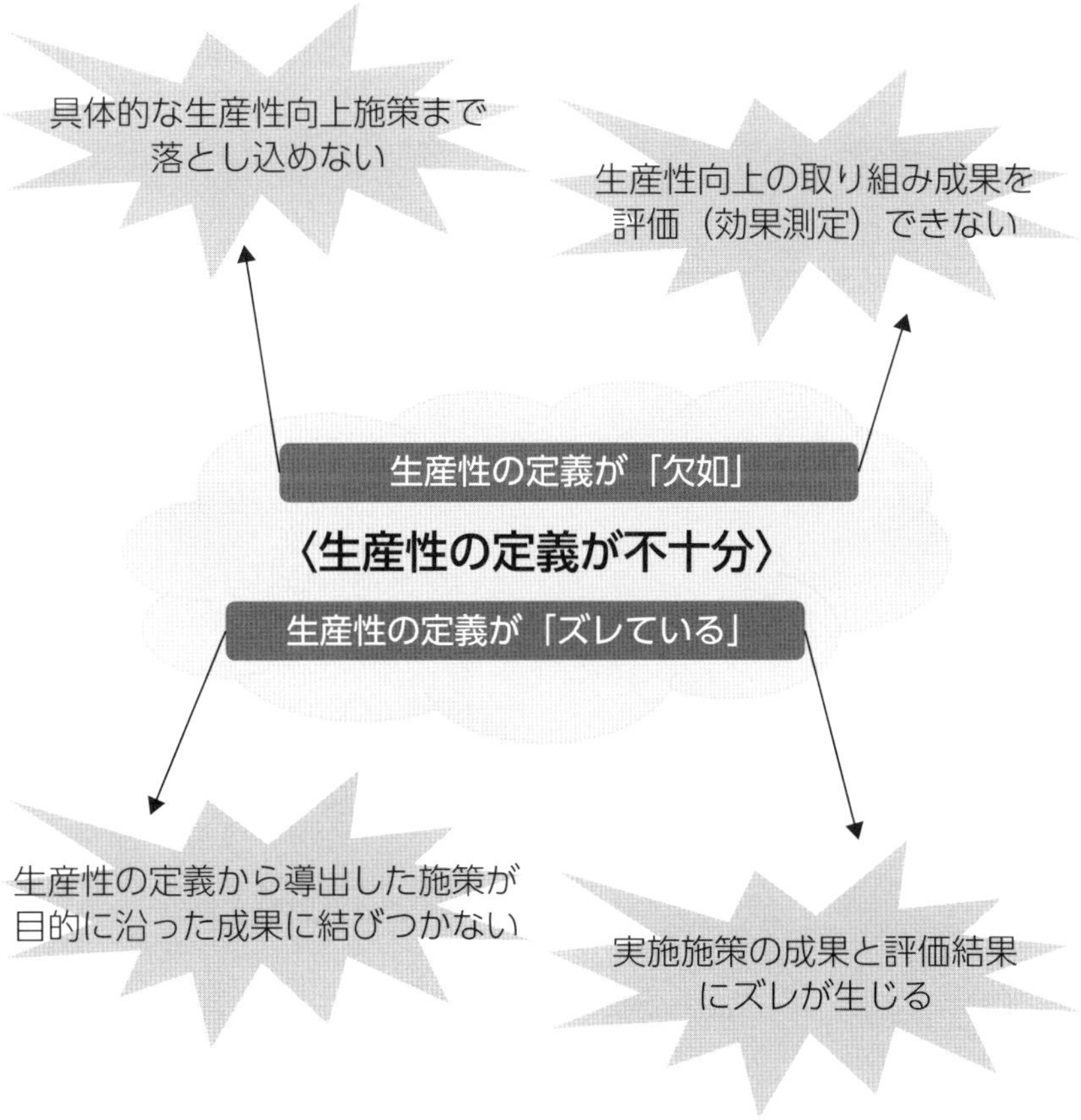

生産性に影響を与える様々な要因〈組織・人事の側面〉

前ページまでの説明によって、生産性に関する様々な定義・捉え方や、生産性の定義を明らかにしておくことの大切さ、について理解いただけたかと思います。ここから第2章の残りのページでは、「生産性に影響を与える要因」という観点から、生産性に対する理解を深めていただくための解説を行うこととします。どのようなファクター（影響要因）によって生産性が上がったり、もしくは下がったりするのかをあらかじめ把握しておくことは、効果的な生産性向上施策を検討していく上で非常に有益となるからです。

生産性（労働生産性）に影響を与える要因には、様々な要素があります。それらの中から、組織・人事面に関する要因をピックアップし分類すると、左のページに記載した4つのカテゴリーに区分ができます。具体的には、「①社員の人的側面」「②社内の環境的側面」「③仕事・業務の側面」「④人材マネジメントの側面」になります。また、それぞれのカテゴリー内でも、生産性に対する影響要因をさらに細かく分類することができます。詳細は32ページ以降で説明しますが、例えば「①社員の人的側面」というカテゴリーであれば、社員の「能力」「意識・姿勢」「性格」といった3つの区分があります。

このような多岐にわたる影響要因のうち、実際にどのような要素が自社の労働生産性に強い影響を与えるのかについては、社員意識調査や社員ヒアリング、行動分析、業務分析といった現状分析作業を通じて明らかにしていくことになります。一般論だけで特定できないのは、会社の業種や規模といった外形的な理由だけでなく、会社独自の文化や慣行、社員特性などによっても生産性影響要因は異なるからです。

生産性に影響を与える要因についてもう1つ重要なこととしては、「プラス要因」と「マイナス要因」の2つがあるという点です。したがって、生産性向上への取り組み施策を検討するにあたっては、「プラス要因」を増やすと同時に、「マイナス要因」を減らすという観点も十分に考慮しておくことが必要になります。

労働生産性と様々な影響要因の関係性

●生産性に影響を与える要因（プラス要因・マイナス要因）については，様々な種類がある。
●生産性向上の具体策を検討するにあたっては，基本的な影響要因を理解しておくことも必要。

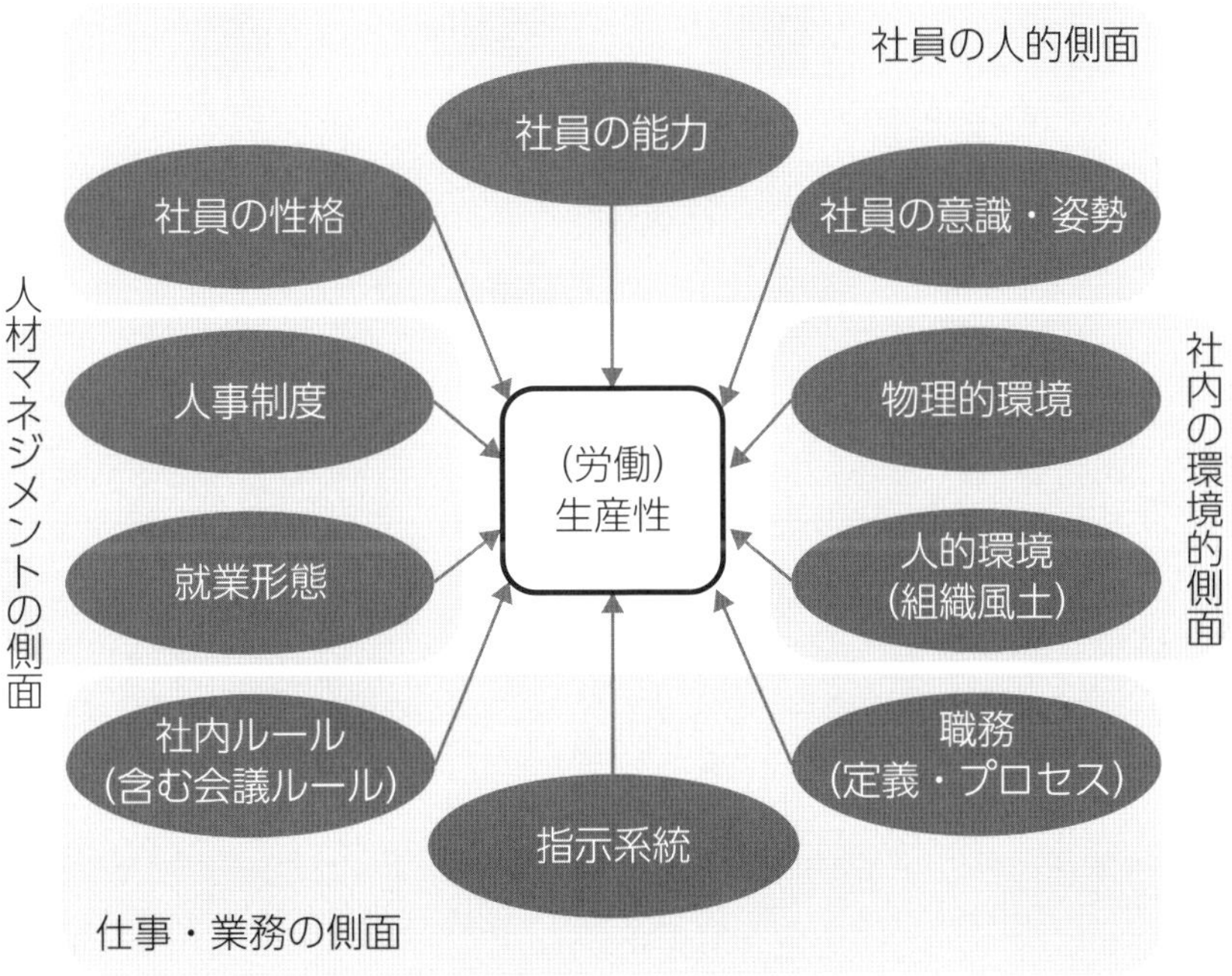

1 社員の人的側面

このページからは、前ページに掲載した「生産性に影響を与える様々な要因」に関して、4つのカテゴリーごとにより詳しい解説を行っていきます。そのうち、まずは「社員の人的側面」に分類される影響要因についてです。左のページには、具体的な影響要因の要素一覧と、各要素が生産性の分子である「アウトプット」、分母である「インプット」にどの程度の影響を与えるか、また生産性に影響を与える場合の具体例について掲載しています。なお、表の右側の具体的な影響例ですが、紙面の都合上、それぞれの要素について「好影響」または「悪影響」のいずれかのみを掲載しています。ただ、実際には、好影響／悪影響の双方の可能性を持っている要素も多くあるため、その点はご注意ください。

前ページでも述べたように、「社員の人的側面」に該当する影響要因は、〝人（社員）〟のどの部分にフォーカスするかによって、さらに3つのカテゴリーに区分できます。

1つ目は『社員の能力』に関する部分であり、具体的な要素としては「管理監督力」や「業務スピード」「タイムマネジメント」などが該当します。これらは、社員個人や組織の生産性（＝能率性）の水準を決定づける最も基本的な要素であると言えます。例えば、最も簡単な例としては、仕事を迅速に処理する能力である「業務スピード」が本来のあるべきレベルよりも劣っている社員がいる場合、当然、その社員の生産性レベルも本来の期待水準を下回っている可能性が高いでしょう。

人的側面の影響要因の2つ目は『社員の意識・姿勢』に関する部分であり、具体的には仕事に対する「意欲・積極性」や周囲との「協調性」などです。例えば、後者の「協調性」については、部署の中に自分勝手な仕事の進め方をする社員がいると、必要な連携が行われず、組織としての生産性が悪化してしまう恐れがあります。

3つ目の『社員の性格』ですが、例えば「楽観主義」な社員の場合、往々にして無用な細部にとらわれずに仕事を進めるため、結果的には能率性が高くなるといったケースが想定されます（もちろん、細かいミスが多くなり、生産性が悪化するケースも考えられます）。

「社員の人的側面」が労働生産性に与える影響

●「人的側面」の生産性影響要因は、社員の「能力」「意識・姿勢」「性格」の３つに区分できる。
●いわゆる人事制度を通じて労働生産性向上へのアプローチを行う場合は、この部分が対象となる。

カテゴリー	具体的な影響要因	生産性への影響 Output	生産性への影響 Input	生産性への具体的な影響（※以下は一例）
社員の能力	管理監督力	○	●	【悪影響】の一例…曖昧な指示による手戻りの発生
	チームビルディング	○	●	【好影響】の一例…動機づけによる部下の仕事への意識向上
	業務スピード		●	【悪影響】の一例…能力として業務の処理スピードが遅い
	業務の正確性	●	●	【好影響】の一例…ミスがないことより手戻りの工数が発生しない
	タイムマネジメント	○	●	【悪影響】の一例…業務見通しが悪いことによる無駄な時間の発生
	業務知識／ノウハウ	●	●	【好影響】の一例…知識の活用によってアウトプットの価値を高める
	業務領域の広さ	○	●	【悪影響】の一例…担当領域が狭いことによる手待ち時間の発生
社員の意識・姿勢	意欲・積極性	●	●	【好影響】の一例…仕事に対する根本的な意欲が高い
	協調性	○	●	【悪影響】の一例…協力意識が低いため仕事の平準化が進まない
社員の性格	楽観主義	○	●	【好影響】の一例…細かいことにとらわれないことによる能率の向上
	慎重さ	○	●	【悪影響】の一例…慎重すぎることによる能率の低下

※「●」の記号は生産性への影響性が高い。「○」の記号は生産性への影響がある。

2 社内の環境的側面

「生産性に影響を与える様々な要因」のうち、このページでは2つ目の「社内の環境的側面」に分類される要素について解説します。当該カテゴリーについても、環境の性質によって『物理的環境』と『人的環境』という2つの種類に区分することができます。前者は施設・設備等のハード面、後者は組織風土のソフト面といった区分けになります。

まずは『物理的環境』に属する生産性の影響要因についてですが、これには「室温」「音」「レイアウト」「業務スペース」といったいわゆる〝働く場所〟としての要素が該当します。すでに多くの企業が、生産性向上に向けた取り組みの一環として「オフィスの改革」を行っていますが、その場合にはこれらの影響要因に対して改善・改良のアプローチを行っていることになります。例えば、デスクや什器、機械などの配置を見直すことを通じて、社員の動線を改善し、無駄な動きを排除するといった事例です。細かい部分にはなりますが、一方で日常的に頻繁に発生する社員の行動を効率化することになるため、積み重ねると労働生産性の向上につながることが期待されます。

また、『物理的環境』の1つとして「誘惑要因」という要素も列挙していますが、これは、社員が働く場所に集中力を阻害するような物が置いてあると、生産性に悪影響を与える恐れがある、といった場合などが該当します。社内では稀なケースかもしれませんが、逆に最近流行りの在宅勤務の場合には、例えば自宅の業務スペースの近くにテレビやベッドがあると、少し疲れただけで休憩してしまい、結果的には能率性が悪化するといったケースなどが想定されます。

2つ目の『人的環境』についてですが、これには「社員間の親密度」「労働時間に対する風土」などがあります。目に見えない風土や文化、慣行などのことであり、例えば「社員間の親密度」が高い状態にあると、社員同士のコラボレーションによって創発的なアイデアが生まれ、それが高付加価値なアウトプットにつながっていくことが期待される、などのケースが考えられます。

「社内の環境的側面」が労働生産性に与える影響

●「環境的側面」の生産性影響要因は，社内の「物理的環境」「人的環境」の２つに区分できる。
●影響要因の大半については，生産性の定義のインプット側に影響を与える環境要素となっている。

カテゴリー	具体的な影響要因	生産性への影響 Output	生産性への影響 Input	生産性への具体的な影響（※以下は一例）
物理的環境	室温		●	【悪影響】の一例…過ごしにくい暑さ・寒さによる集中力の低下
	音	○	●	【好影響】の一例…（好きな）音楽を聴くことによる集中力の向上
	レイアウト	○	●	【悪影響】の一例…動線が悪いため無駄な動きが発生
	業務スペース		●	【好影響】の一例…業務デスクが広くその場でいろいろできる
	業務支援ツール	○	●	【悪影響】の一例…コピー機の数が少なく手待ち時間が発生
	休息スペース／手段		●	【好影響】の一例…適度な休憩による集中力の持続
	誘惑要因（在宅勤務等）		●	【悪影響】の一例…近くに娯楽品があることによる集中力の低下
人的環境（組織風土）	社員間親密度	●	●	【好影響】の一例…コラボにより高付加価値の商品が生まれる
	労働時間に対する風土		●	【悪影響】の一例…長時間労働が美徳とされ早く帰りづらい
	議論に対する風土	●	●	【好影響】の一例…深い議論により高付加価値の発想が生まれる
	指導に関する風土	○	●	【悪影響】の一例…過剰な指導により必要以上の業務が発生

※「●」の記号は生産性への影響性が高い。「○」の記号は生産性への影響がある。

3 仕事・業務の側面

生産性影響要因の3つ目のカテゴリーとして、「③仕事・業務の側面」に属する要素について解説を行います。当該カテゴリーは、さらに『職務（定義、プロセス）』『指示系統』『社内ルール』に区分することができます。

まず、1つ目の『職務』ですが、これは社員1人ひとりが担当している仕事の中身について、その範囲やプロセスがどのような状況にあるかという点です。本書でも後述しますが、欧米の職務主義に対して、日本では社員の年功や能力にフォーカスした〝ヒト〟主義で人材マネジメントが行われてきました。このため、「職務範囲」が曖昧であったり社員間で重複していたりという非効率な状況が、多くの日本企業で発生しています。当然、このような状況は生産性を低下させる要因として働くことになります。

『職務』については、仕事の進め方である「職務プロセス」も生産性に大きな影響を与えます。例えば、業務改革を通じて仕事の進め方を抜本的に見直した場合、新たに構築された職務プロセスが、生産性を高めることにつながるといったケースなどです。

本書では、「人」の側面からの生産性向上にフォーカスしているため、業務改革や業務改善といった「職務・仕事」の部分での生産性向上施策については、後段でも詳しくは触れていません。ただ、飛躍的な生産性向上を実現させるためには、やはりこの「職務」の部分での改革・改善が不可避になります。例えば、最近では「RPA（ロボティック・プロセス・オートメーション）」の活用を通じて、ホワイトカラーの業務改革・改善に取り組む企業が増えています。これは、専用のソフトウェアを使うことにより、定型的な事務作業を自動で行うといった手法になります。これまで人が担当していた作業を専用のソフトウェアに代替させるため、省人化による劇的な生産性向上が期待されています。

『指示系統』や『社内ルール』に属する生産性影響要因は、左のページに記載のとおりです。このうち特に「会議」についても、職務範囲と同様に日本企業の生産性を悪化させている大きな要因であると言われています。

「仕事・業務の側面」が労働生産性に与える影響

●「仕事・業務の側面」の生産性影響要因は，「職務」「指示系統」「社内ルール」に区分できる。
●日本企業の多くは職務定義が曖昧であるため，抜本的な生産性向上には職務への対策が必要。

カテゴリー	具体的な影響要因	生産性への影響 Output	生産性への影響 Input	生産性への具体的な影響（※以下は一例）
職務（定義）（プロセス）	職務範囲（明確さ）	●	●	【悪影響】の一例…曖昧な職務範囲による不要業務・人員の発生
	職務範囲（重複度）	●	●	【好影響】の一例…職務範囲の明確な線引きによる重複の回避
	職務定義（妥当性）	●	●	【悪影響】の一例…不要業務や低付加価値業務による無駄の発生
	職務プロセス（有効性）	●	●	【好影響】の一例…有効なプロセスの実施による高い成果の実現
	職務プロセス（効率性）		●	【悪影響】の一例…冗長な職務プロセスによる効率性の低下
指示系統	意思決定の階層		●	【好影響】の一例…フラットな組織による無用な意思決定者の排除
	個人の裁量余地	●	●	【悪影響】の一例…個人裁量が大きいことによる想定外のミス発生
社内ルール	社内事務手続き		●	【好影響】の一例…効率化された各種手続きによる無駄の排除
	会議	○	●	【悪影響】の一例…不要な会議への参加による無駄な時間の発生

※「●」の記号は生産性への影響性が高い。「○」の記号は生産性への影響がある。

4　人材マネジメントの側面

生産性に影響を与える要因のうち、最後の4つ目のカテゴリーは「④人材マネジメントの側面」になります。会社が社員を管理するための仕組みであり、具体的には、『就業形態』と『人事制度』という2つの属性で各種影響要因を整理することができます。仕組みに関する部分であるため、これまで解説してきたカテゴリーよりも、具体的な取り組み施策と直結しやすい影響要因であると言えます。

まず前者の『就業形態』ですが、これは社員にどのような働き方を制度的に認めるのかという部分です。当然ですが、仕事の実態に合った働きやすい仕組みを導入することにより、生産性に良い影響を与えることが可能になります。逆に、職務内容にマッチしない働き方であったり、柔軟性に乏しい働き方を採用していると、本来的に実現できる労働生産性すら維持できない恐れもあります。昨今、「働き方改革」が多くの企業・組織で推進されていますが、その場合はこの『就業形態』の見直しや改革がターゲットになっています。

『就業形態』に関する生産性への影響要因としては、「在宅勤務制度」や「フレックスタイム制」「裁量労働制」など、具体的な勤務形態・制度が該当します。例えば「裁量労働制」については、教科書的には「裁量的な働き方を認めることにより、効率的な時間の使い方が可能になる（＝生産性向上につながる）」という文脈で語られるケースが多いのではないでしょうか。当然、そのような好影響のケースもありますが、一方で制度の適用範囲や運用方法を実態を踏まえて設定しないと、生産性に悪影響を与える恐れもあります。

他方、『人事制度』に関する影響要因ですが、これについては「等級制度」「評価制度」「賃金制度（給与・賞与）」があります。社員をどのように処遇するかという仕組みであり、人材マネジメントの中心に位置づけられる制度になります。この人事制度についても、自社の業種や社員特性などにマッチした仕組みを構築・導入しないと、生産性の悪化につながる恐れもあるため、十分な注意が必要になります。

「人材マネジメントの側面」が労働生産性に与える影響

●「人材マネジメントの側面」の生産性影響要因は，「就業形態」「人事制度」の２つに区分できる。
●「就業形態」に関する影響要因については，いわゆる“働き方改革”の対象となる部分である。

カテゴリー	具体的な影響要因	生産性への影響		生産性への具体的な影響（※以下は一例）
		Out put	In put	
就業形態	在宅勤務制度		●	【悪影響】…直接的な管理監督外となることによる能率低下
	フレックスタイム制	○	●	【好影響】…効率的な時間配分による残業の削減
	裁量労働制度	○	●	【悪影響】…個人裁量の勤務による実質的な長時間労働化
	変形労働時間制		●	【好影響】…繁忙に応じた勤務設定による無駄な時間の回避
	短時間勤務制	○	●	【悪影響】…他者とのコミュニケーション・ラグの発生
人事制度	等級制度		●	【好影響】…複線型人事による多様な社員の意欲喚起
	評価制度	●	●	【悪影響】…量に傾倒した評価による長時間労働の助長
	給与制度	○	●	【好影響】…定額残業代による業務効率化の意識の向上

※「●」の記号は生産性への影響性が高い。「○」の記号は生産性への影響がある。

第3章

日本企業の生産性が低い理由

なぜ日本企業は生産性が低いのか？〈4つの理由〉

第3章では、「日本企業の生産性が低い理由」について解説します。第1章において、日本企業の生産性は諸外国よりも低いというデータを紹介しました。それではなぜ、日本企業は生産性が低いのか、また、その理由として具体的にどのような問題点があるのかについて、この章では詳しく説明していきます。

生産性向上に向けた取り組みを推進していくにあたっては、自社の生産性を低下させている要因、すなわち生産性の〝ボトルネック〟を洗い出すことが必要です。当然、生産性が低下している具体的な理由については、個々の企業によって異なる部分があります。しかしながら、日本全体として生産性が低い状況にある以上、多くの日本企業で共通的に問題となっている部分（＝生産性を低下させている理由）というのも存在します。したがって、まずはそれらを理解・把握しておくことにより、実際に自社のボトルネックを分析・特定する際の参考とすることができます。

左のページでは、日本企業の生産性が低い理由を整理した全体像を示しています。繰り返し述べているように、生産性の定義は「アウトプット÷インプット」の算式で表せますので、生産性が低い理由についても「アウトプットに問題がある場合」と「インプットに問題がある場合」に区分することができます。さらに、アウトプットおよびインプットの双方ともに、大きく2つの観点で分けて考えることができるので、トータルでは4つの分野で理由を整理しています。具体的には、『無駄なアウトプットが多い』『低付加価値なアウトプットが多い』『社員数が多い』『労働時間数が長い』といった理由になります。

日本企業の生産性を低下させている「4つの大きな理由」について、それぞれの具体的な解説は次のページ以降に譲りますが、それぞれに共通している点があります。それは、いずれの理由も日本企業、さらには日本人の「本質的な部分」に起因しているということです。そのような前提で考えると、日本企業の生産性が低い状態にあるというのは、極めて当然の結果であると言えます。

日本企業の生産性を低下させている４つの理由

- ●日本企業の低い生産性は，アウトプット・インプットともに２つの理由（計４つの理由）で説明できる。
- ●いずれの理由についても，日本企業や日本人の「本質的な部分」に起因するものである。

労働生産性 ＝

アウトプット（付加価値額） ÷ インプット（総労働時間数）

理由①

無駄なアウトプットが多い

- ・曖昧な職務範囲によりアウトプットが重複して発生
- ・曖昧な職務定義により不要なアウトプットが発生
- ・完璧主義の志向による不要なアウトプットが発生

理由③

社員数が多い

- ・日本特有の解雇規制による，余剰人員の多さ
- ・日本的な雇用文化による，余剰人員の多さ
- ・非流動的な労働市場による，余剰人員の多さ

理由②

低付加価値なアウトプットが多い

- ・「付加価値」より「質」を重視してきた日本的志向
- ・「結果」より「プロセス」を重視してきた日本的志向
- ・低価格競争によりアウトプットの金額価値が低下

理由④

労働時間数が長い

- ・日本的な「残業＝美」による無駄な労働時間
- ・日本的な「休まない＝美」による無駄な労働時間
- ・従量制の法的割増賃金による無駄な残業時間

1 無駄なアウトプットが多い

日本企業の生産性を低下させている4つの大きな理由のうち、このページでは、1つ目の『無駄なアウトプットが多い』という理由について解説します。アウトプットの〝量〟的な側面に関する問題点になります。生産性を上げるためには、本来的には付加価値につながるアウトプットをできるだけ多く生み出すことが求められます。すなわち、付加価値の創出につながる、もしくはそこに貢献するような職務の遂行が求められることになりますが、現実的には、付加価値につながらない「無駄なアウトプットが多い」という状況が、日本企業の場合には数多く発生しているのです。

例えば、日本企業の場合、欧米企業と比べると、1人ひとりの職務（仕事）の「範囲」や「定義」が曖昧であるという特徴があります。その背景には、日本企業の「人に仕事を充てる」文化があると言われています。一方、対極的に語られることの多い欧米企業（特にアメリカの企業）の場合、日本企業とは逆の「仕事に人を充てる」文化になります。したがって、仕事が軸になるため、その範囲や定義があらかじめ明確になっています。いわゆる「ジョブスクリプション」と呼ばれる細かい職務定義書が各職務に存在し、それに基づいて必要な知識・スキルや経験値を持った人を配置することになります。

それでは、日本企業で見られる「仕事の定義や範囲が曖昧」という状況は、生産性の面でどのような問題があるのでしょうか？　もちろん、ビジネスの状況等に応じて割り当てる仕事の範囲・内容を柔軟に変えることができるなどのメリットもないわけではありません。しかし実際には、〝不要な仕事〟が発生したり、社内で〝仕事やアウトプットの重複〟が発生したりなど、生産性の低下につながる負の影響のほうがはるかに大きいのです。

また、無駄なアウトプットが多いという点については、「完璧主義なために、必要のないアウトプットまで発生している」といった問題も指摘されています。これは日本人の気質に強く影響を受けている部分になります。良い品質やサービスを追求しすぎるために、結果的には不要な仕事まで発生してしまっているということです。

「無駄なアウトプットが多い」ことによる生産性の低下

●アウトプットに関する問題点の１つ目は，最終的な付加価値額につながらないアウトプットが多いという点。
●“職務よりも人が中心”や“緻密さ・丁寧さ”など，日本企業や日本人の文化・気質が本質的な原因である。

【生産性が低い理由①】

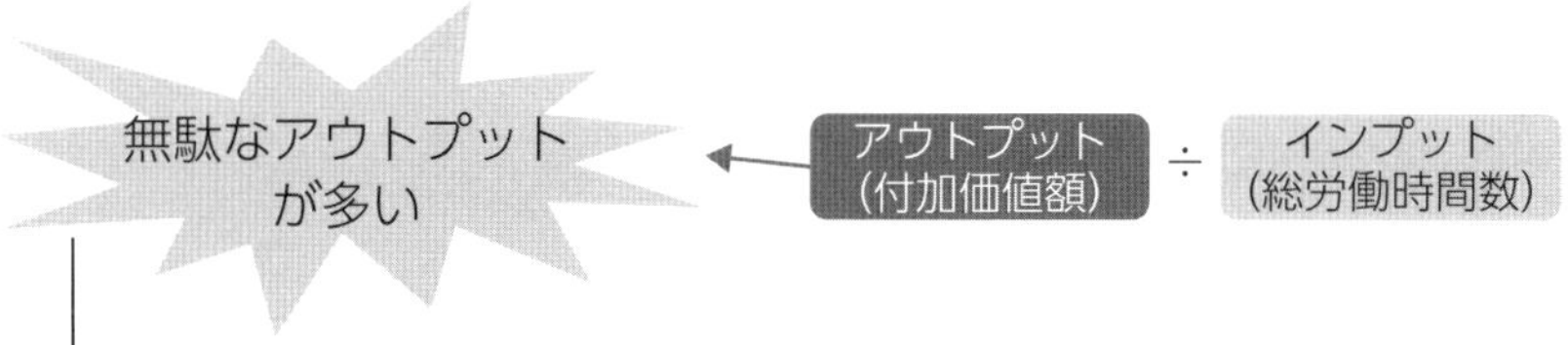

(1)　曖昧な職務範囲により，アウトプットが重複して発生

✓下記(2)に関連する内容であるが，１人ひとりの社員がどこまで仕事をするのか（＝職務範囲）が十分に定義されていないため，コミュニケーション不足も相まって，結果的に同じようなアウトプットが社内で重複的に作成される事態が発生してしまう。

(2)　曖昧な職務定義により，不要なアウトプットが発生

✓日本企業では，従来から「職務よりも先ずは人ありき」という文化・慣行が存在する。このため，職務の領域・内容・成果をあらかじめ具体的に定義しておくという意識が低く，結果的に曖昧な職務定義の中で必要とされないアウトプットが発生してしまう。

(3)　完璧主義の志向による不要なアウトプットが発生

✓日本人の気質・価値観としての“緻密さ”や“丁寧さ”というのは，工芸品制作など一部の業界では日本企業の強みとなっている。一方で，過剰品質や過剰サービスといった点も指摘されており，競争力向上につながらないアウトプットも発生している。

2 低付加価値なアウトプットが多い

日本企業の生産性を低下させている2つ目の理由は、『低付加価値なアウトプットが多い』という点です。これについては、前ページとは異なり、アウトプットを〝金額としての価値〟の側面から捉えた問題点になります。

例えば、典型的な例として挙げられるのが「品質へのこだわり」です。欧米企業より、製品もサービスも品質が高いというのが、日本企業やそこで働く日本人社員の特徴です。実際、それはデータにも表れており、後で具体的なデータを紹介します。これについても、日本人の性格や気質に大きく影響を受けている部分になります。

ただし、製品にしてもサービスにしても、高品質の部分がどれくらい付加価値、すなわち「金額的な価値」に結びついているかというと、必ずしもすべてがそうとは限りません。かつて、グローバル企業で働いていた方からうかがった話ですが、アジア諸国の人は、製品やサービスに対してそこまで高い品質は求めていないそうです。すなわち、日本人がこだわってつくったモノや、こだわったサービスが、エンドユーザーや顧客が求める〝価値〟につながっていないケースが多分にあるということです。人や時間をかけて高品質なアウトプットを生み出しても、買う側がその部分に価値を見出さなければ、結果的にはそこに〝値がつかない〟ことになり、金額的な価値としてのアウトプットは下がることになります。当然、生産性が悪いということは言うまでもありません。

その他にも、『低付加価値なアウトプットが多い』という点については、左のページに掲載した⑵や⑶なども指摘されています。例えば⑶の「低価格競争によりアウトプットの付加価値性が低下」というのは、仮に良い製品をつくり、もしくは良いサービスを提供し、かつそれらがエンドユーザーや顧客にとって価値のある内容だったとしても、激しい価格競争の中で「適正な値段」に跳ね返すことができていないケースがある、といった問題点です。これについては、特にデフレ不況を長く経験してきた国内市場においてよく見られた現象であり、その一例として数年前までのホテル業などが該当します。

「低付加価値なアウトプットが多い」ことによる生産性の低下

●アウトプットに関する問題点の２つ目は，付加価値性（バリュー）が低いアウトプットが多いという点。
●前ページはアウトプットの「量的な側面」の問題であるが，本ページはアウトプットの「金額的価値」の問題になる。

【生産性が低い理由②】

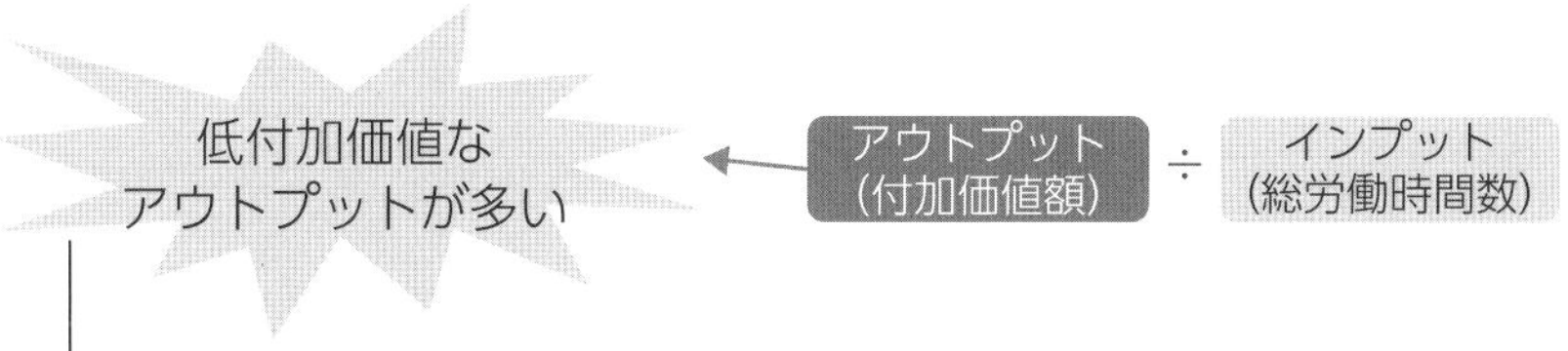

(1) 「付加価値」よりも「質」を重視してきた日本的志向

✓金額的な高付加価値を生み出すには，顧客にとって真に価値のある商品やサービス，すなわちより高い金額を払ってもらえる商品・サービスの提供が必要であるものの，日本企業では形式的・表面的な「質としてのアウトプット」にこだわりがちである。

(2) 「結果」よりも「プロセス」を重視してきた日本的志向

✓成果・実績主義という考え方が浸透する以前の日本企業では，社員に対する評価において，結果よりもプロセス（能力や情意）が重視されてきた。現在でもその文化・志向は依然として残っており，低い成果（付加価値）の一要因になっている。

(3) 低価格競争によりアウトプットの付加価値性が低下

✓どれだけ良い商品やサービスを生み出したとしても，最終的な“売り値”が低ければ，金額的な付加価値額は下がることになる。日本国内では，長きにわたりデフレ環境下で厳しい値下げ競争が繰り広げられたため，その影響も大きい。

3　社員数が多い

続いて、生産性の定義の分母にあたる「インプット」の部分について、日本企業の生産性を低下させている理由を解説します。先ほどまでのアウトプットよりも、このインプットに関する理由のほうがよりイメージしやすいのではないでしょうか。事実、実際の生産性向上アプローチもこのインプットの部分（特に労働時間数）にターゲットを絞るケースが多くなっています。

インプットに関する理由についても、アウトプットの場合と同様に2つの観点で分けて整理できます。まず、このページでは、そのうちの1つである『社員数が多い』という点です。これは、インプットを「人数」の観点から捉えた問題点になります。求められるアウトプット（売上高や付加価値高）を生み出すために企業が投入した社員の数が、本来的に必要とされる人数よりも多ければ、1人当たりでみた生産性の数値は下がることになります。また、仮に、1人ひとりの労働時間数は短かったとしても、社員数が多ければ全社的な総労働時間数も多くなり、結果的には1時間当たりでみた場合の生産性も悪化してしまいます。

左のページでは、日本企業で必要以上に社員数が多くなっている問題点について、主要な原因を記載しています。具体的には、日本の場合、労働者を囲い込む法規制（＝解雇規制）や文化（＝終身雇用、非流動的な労働市場）があるため、欧米諸国よりも労働者の適正な退社が発生しにくい状況にあります。その結果、社員数が多すぎるといった状態に陥っているのです。

なお、冒頭から何度も述べているように、日本では少子高齢化に伴う「人不足」が大きな問題となっています。その現状と「社員数が多い」という問題指摘は矛盾しているのでは？　と感じられるかもしれません。もちろんそのようなことはなく、ここで言う「社員数が多い」という状況は、正確には「衰退途上・傾向にある業種や職種に、必要以上の労働者が集まっている」というケースを指しています。日本経済の景気が悪くない状況下でも、一部の大手製造業などは、希望退職という名の人的リストラを実施していることが、その表れでしょう。

「社員数が多い」ことによる生産性の低下

- **インプットに関する問題点の１つ目は，日本企業では必要以上に社員数が多いという点である（※特に，衰退傾向にある業種や職種など）。**
- **相対的に人員数が多ければ，１人当たり労働時間数は低くても，総労働時間数は多くなってしまう。**

【生産性が低い理由③】

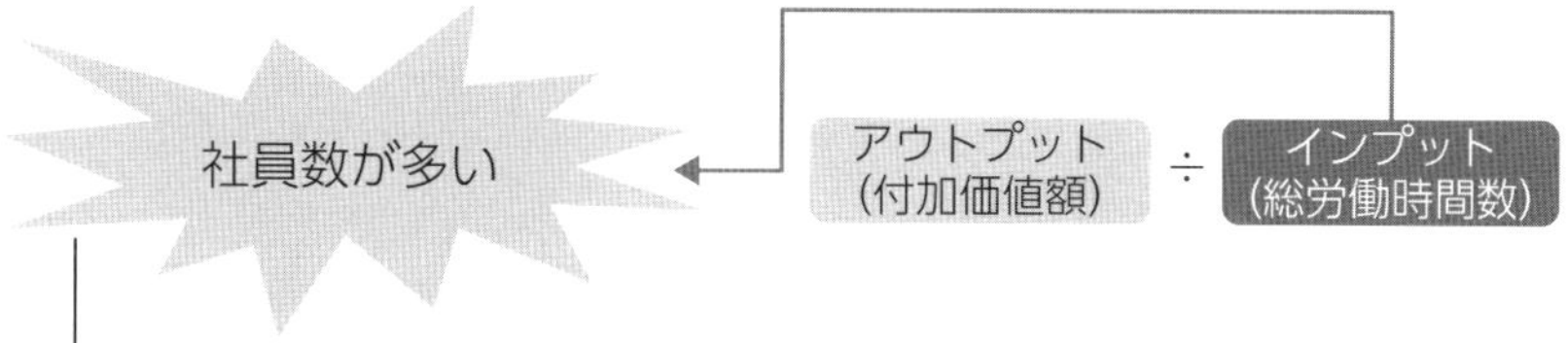

(1)　日本特有の解雇規制による，余剰人員の多さ

✓アメリカやイギリスでは，日本よりも解雇規制が弱いと言われている。一方，日本の法令では，労働契約法等により企業業績が悪くても簡単には社員を解雇できない規制となっており，結果，日本企業は余剰人員を抱え込みやすい状況になっている。

(2)　終身雇用という日本的雇用文化による，余剰人員の多さ

✓上記の日本特有の法規制とは関係なく，そもそもの日本的慣行として「終身雇用」という文化がある。2000年に入ってからはその文化も薄れつつあるものの，諸外国と比べれば依然としてその傾向は強く，これも余剰人員を抱える一因となっている。

(3)　非流動的な労働市場による，衰退産業での余剰人員の多さ

✓上記要因とも深くかかわる点であるが，欧米諸国と比べると，日本では労働者の転職回数が少ないと言われている。その結果，衰退産業から成長産業への人材移動が進まず，衰退産業の業績や生産性を悪化させる要因になっている。

4 労働時間数が長い

日本企業の生産性を低下させている理由について、最後は『労働時間数が長い』という点です。これについてもインプットに関する問題点であり、昨今のいわゆる「働き方改革」では、この部分を是正するために様々な取り組みが企業で実施されています。

欧米諸国で働く人々と比べて、日本人の労働時間数が長いという問題点は、古くから指摘されてきました。また国内だけをみても、長時間労働を原因とした過労死や精神疾患などが社会問題化したこともあり、是正の必要性はかなり以前から言われています。その結果、かつてと比べれば、日本企業における総労働時間数は低下傾向にあります。しかしながら、欧米企業の労働時間よりもまだまだ見劣りする水準であり、また過労死などの問題も依然として発生しているというのが日本企業の現状です。そのために、「働き方改革」を通じた労働時間数の削減に、多くの日本企業が取り組んでいるのです。

それでは、なぜ日本人の労働時間数は欧米人よりも長いのでしょうか？　これについては様々な理由がありますが、最も大きな原因として、多くの日本人が「残業＝美」「休まない＝美」という志向を持っており、結果的に不必要な労働時間が発生しているという点が挙げられます。この点については以前から問題視されているものの、実態としてなかなか改善されていないようです。日本人に古くから根づいている「価値観」に起因する問題であるため、改善できそうで改善できない…というのが実情ではないでしょうか。

労働時間が長時間化しているもう1つの要因として、「法律と賃金の関係」があります。日本の労働基準法では、成果とは直接的に関係なく、労働時間が長くなるほど割増賃金が増える仕組みになっています。工場労働者などのように「時間と成果」が比例しやすい職種であれば問題ありませんが、そうではない職種、例えば創造性や思考力が求められる仕事の場合には、必ずしも「時間と成果」が比例するわけではありません。この点も、成果（アウトプット）につながらない無駄な労働時間を助長する一因になっていると考えられます。

「労働時間数が長い」ことによる生産性の低下

●インプットに関する問題点の２つ目は，日本企業では１人当たりの労働時間数が長いという点である。
●長時間労働は，社員の心身面に悪影響を与えるだけでなく，生産性を悪化させる一因にもなっている。

【生産性が低い理由④】

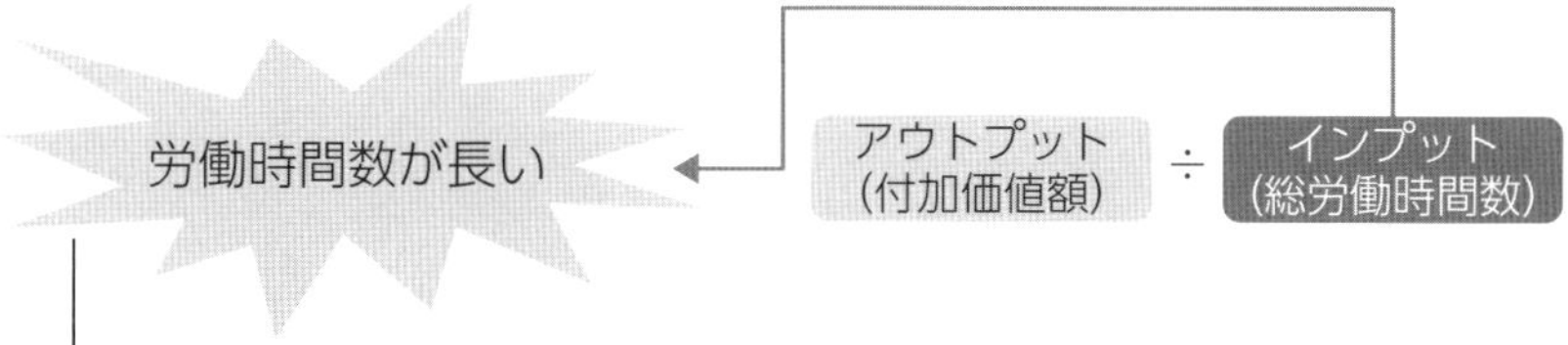

(1)　日本的志向「残業＝美」による，無駄な労働時間

✓「毎日遅くまで頑張って働いている」ことが美徳化される文化が，多くの日本企業でいまだに根づいている。「上司が帰るまでは，自分も帰れない・帰りづらい」というのはその典型例であり，そのような文化・意識が，無駄な残業時間につながっている。

(2)　日本的志向「休まない＝美」による，無駄な労働時間

✓上記と同様に，「休日も頑張って働いている」「有給休暇も取らずに頑張って働いている」ということも，多くの日本企業では美徳とされやすい。日本企業の有休取得率は他国よりも低い水準であり，それが労働時間の長時間化にもつながっている。

(3)　従量制の法的割増賃金による，無駄な残業時間

✓現在の労働基準法は，いまだに工場労働者を前提とした規定になっている。ホワイトカラーの仕事では時間と成果が比例しにくいにもかかわらず，従量制の割増賃金制度が適用されてしまうため，無駄な残業を助長する一因となっている。

5 職務定義の日米比較

ここからは、前ページまでに解説してきた「日本企業の生産性が低い理由」について、その根拠となるデータや資料を紹介します。実際のデータや資料をご覧いただくことで、生産性が低い理由をより納得感を持って理解いただけるかと思います。

まずは、生産性が低い理由の1つ目である『無駄なアウトプットが多い』という問題点についてです。その根拠となる資料を左のページに掲載しています。具体的には、日本企業とアメリカ企業との間で、職務（仕事）の範囲／内容に関する定義、すなわち「職務定義」がどのように異なっているかを示した資料になります。

多くの日本企業では、大企業も含めて、1人ひとりの「職務記述書」が具体的かつ明示的に作成されているわけではありません。もちろん、業務分掌規程や人事制度上での等級基準書などの資料において、包括的なレベルで仕事や役割の概要が定義されている企業は多いですが、細かい職務内容やタスクを定義した資料が1人ひとりの仕事に対して設定されているかというと、そうではありません。その結果、すでに解説したように、柔軟に職務変更や職務拡大を行いやすいというメリットはあるものの、一方で職務の内容や範囲が曖昧となってしまい、無駄なアウトプットや重複したアウトプットが発生しやすい原因となっているのです。

他方、アメリカの多くの企業では、いわゆる「ジョブディスクリプション」と呼ばれる職務記述書が作成されています。これに基づいて、必要な知識／スキルを持った人材をそれぞれの職務に充てはめる、といった形で仕事へのアサインメントが行われます。職務記述書を通じて1人ひとりの職務範囲が明確に線引きされているために、例えば、下手に自らの職務範囲を超えて仕事をしようとすると、それは結果的に、他者の仕事の領域を犯しているとして注意されることがある…といった話も聞いたことがあります。

要は、まずは「仕事ありき」で、そこに人を充てはめる典型的な「職務主義」がアメリカ企業では浸透しており、日本とは真逆の文化・慣行が根づいているのです。

「無駄なアウトプットが多い」の具体例～曖昧な職務定義～

●日本とアメリカとでは，「職務定義（職務限定）」の位置づけ・あり方が大きく異なっている。
●アメリカ企業では詳細な職務定義がなされるのに対して，日本企業では非常に曖昧である。

職務等限定の定め方

日本

●就業規則に職務，勤務地等の限定を規定（ただし，一部規定のない場合がある）。
●雇用契約書，労働条件通知書に就業場所の限定状況を具体的に記載する場合がある。
●地域限定の同意書を本人から提出する場合がある。
●職務記述書は用意されていないか，用意されていても記述が簡単な内容にとどまっている場合が一般的。
⇒各個人の職務限定の内容は詳細に定められていない場合が多い。

アメリカ

●職務記述書（job description）に，職務遂行上最も重要な責務の要約，仕事の内容や性質，求められる成果，あるいは当該職務遂行上必要とされる能力や資質を記載。給与は，職務記述書に記載されている等級に基づいて支出される。
●多くの企業で，職務分析（job analysis）を実施し，職務記述書を整備している。
●類似している職務ごとにグループ化して等級を割り振り，各等級には一定の幅のある賃金レンジを設定する。…職務等級制（job grade system）
⇒各個人の職務限定の内容は明確に定められている。

※資料出所：『第６回「多様な正社員」の普及・拡大のための有識者懇談会　資料』（厚生労働省）

6　サービス品質の日米比較

次に、このページでは、生産性が低い理由の2つ目である『低付加価値なアウトプットが多い』という問題点について、その根拠となるデータを紹介します。左のページに掲載しているグラフは、「日本のサービス」と「アメリカのサービス」に対する品質評価の違いを示したものです。具体的には、日本人とアメリカ人の双方に、「いずれのサービスのほうが品質が高いか?」といった質問を行い、その結果をまとめたものになります。

グラフ中央の「100」のラインを基準とし、そのラインよりも棒グラフが上にある場合は、日本のほうが品質が高いと回答した日本人、アメリカ人が多いことを示しています。逆に100のラインよりも棒グラフが下にあると、アメリカのほうが品質が高いと回答した割合が多いことになります。複数のサービス業を対象として調査を行っていますが、ほとんどのサービス業で日本のほうが品質が高い回答結果になっています。しかも、日本人がそのように回答しているだけでなく、アメリカ人も「日本のほうが品質が高い」と回答しています。

サービスの品質が国内外で高く評価されていること自体は、喜ばしいことです。ただその一方で、「過剰なサービス」に陥ってる可能性も否定できません。その場合に想定される問題としては、1つは、顧客が求める以上のサービスを提供しており、そこには「値段」という価値がつかない点です。もう1つは、顧客にとって価値あるサービスではあるものの、そこに日本企業や日本人が適正な「値段」をつけていない、すなわち安い値段で過剰なサービスを行っている、という点です。

このように、過剰なサービスを実現するために投入された人・時間（インプット）に見合うだけの、金額的な付加価値（アウトプット）を得られていないことが、日本のサービス業の低い生産性につながっていると考えられます。これついては、サービス業などの非製造業だけでなく、製造業にも当てはまります。品質にこだわって製品を作ったものの、そこまでエンドユーザーが求めていない、もしくはそこに適正な値段をつけることができていないといったケースです。

「低付加価値なアウトプットが多い」の具体例～手厚すぎる?サービス～

●サービス業における日米間の品質を比較した結果を見ると，日本の品質が極めて高いのが一目瞭然。
●品質が高いことは当然に良いことではあるものの，一方で労働生産性を下げている恐れもある。

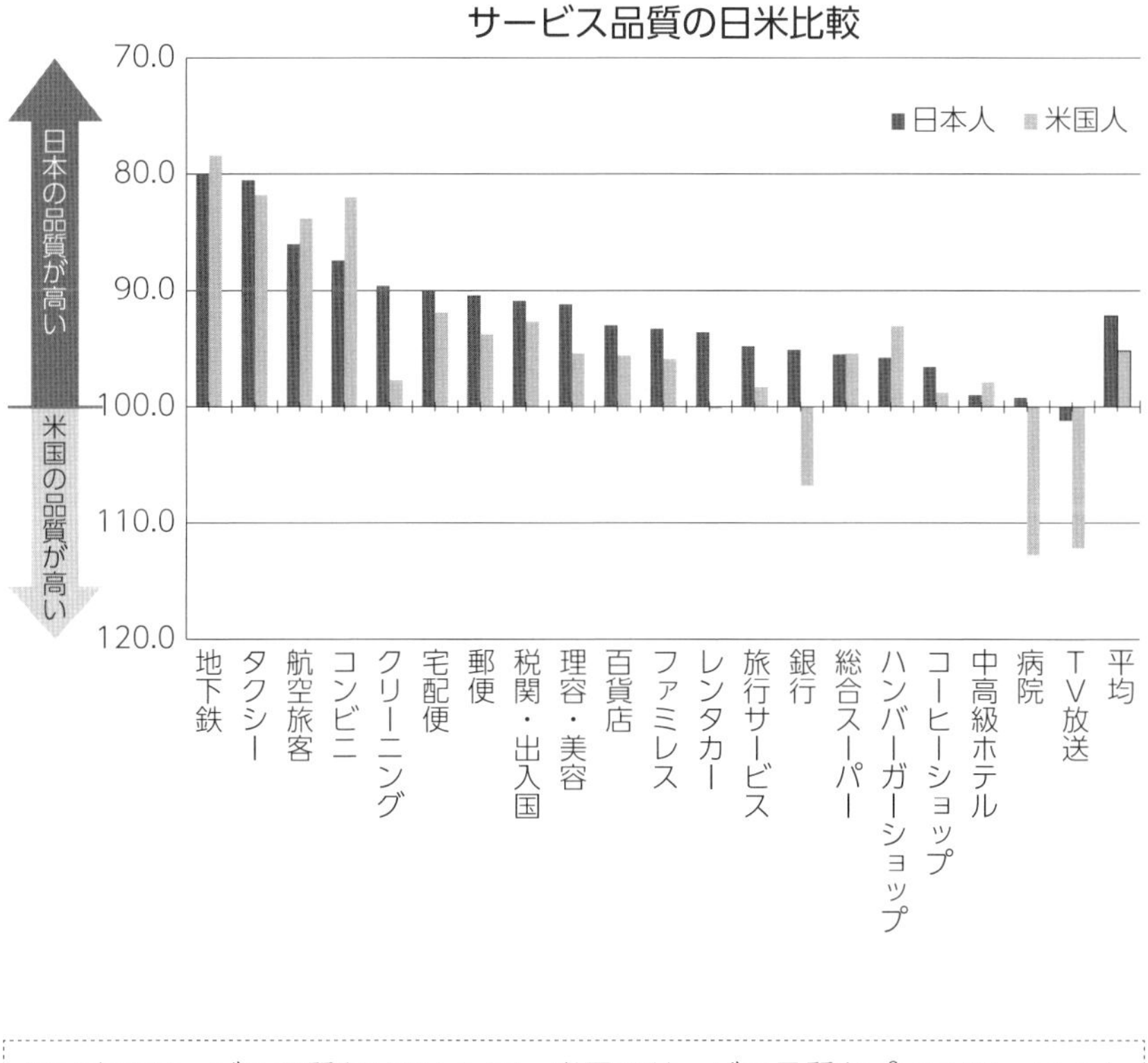

※日本のサービス品質を100として，米国のサービス品質をプラス50～マイナス50までの間で相対的な評価を求めた値

※資料出所：『同一サービス分野における品質水準の違いに関する日米比較調査』（財団法人社会経済生産性本部　サービス産業生産性協議会）

7 失業率の国際比較

続いて、このページでは、インプット側の理由である『社員数が多い』という問題点について、その根拠となるデータを紹介します。左のページに掲載したデータは、諸外国の失業率を示したものです。表の一番上にある日本では、リーマンショック以降、年々失業率が改善傾向にあります。なお、表には掲載されていませんが、直近の失業率は、2016年は年平均で3・1%、2017年は2・8%まで低下しています。一般的に、失業率が3%を割り込むと、いわゆる「完全雇用」の状態にあると言われています。この完全雇用とは、「非自発的失業が存在しない状態」であり、要は自己都合退職以外での失業がないという状態です。あくまでも理論上での話にはなりますが、いずれにしても、ここ最近の日本の雇用環境は非常に良好な状況にあります。

一方、過去にさかのぼって見ても、いずれの年もほとんどの国と比べて、日本の失業率は非常に低い水準にあります。2009年~2010年のリーマンショックの影響を受けているときですら、諸外国よりかなりの低水準となっています。その背景にあるのが、日本的な「終身雇用」といった文化や、法律上の厳しい「解雇規制」です。このような文化や規制が、諸外国よりも極めて低い失業率を実現する大きな要因になっているのです。

昨年（2017年）、アメリカの某電気自動車メーカーで、いきなり数百名のレイオフが行われたという記事が掲載されました。実際に解雇された人数は公表されていないものの、少なくとも一定の人数を解雇したという事実はこの会社も認めているようです。時代の先端を走っている企業ですら、そのような解雇が行われるというのがアメリカなのです。

対して、日本企業の場合には、業績が少々悪いくらいでは、会社側も解雇しませんし、法律上も解雇が認められていません。その結果、売上や利益の低い企業であっても、必要以上の人員を抱えてしまっており、それが日本全体で生産性を下げている1つの要因にもなっているのです。このように、日本における失業率の低さは、一方では負の側面も持っていると言えるでしょう。

「社員数が多い」の具体例～低すぎる？失業率～

●日本の失業率は，諸外国と比べると非常に低い水準にあり，直近ではアメリカの６割程度である。
●失業率が低いことは良いことではあるものの，一方で企業が余剰人員を抱えている恐れもある。

国名	2005年	2008年	2009年	2010年	2011年	2012年	2013年	2014年
日本	**4.4**	**4.0**	**5.1**	**5.1**	**4.6**	**4.3**	**4.0**	**3.6**
アメリカ	5.1	5.8	9.3	9.6	8.9	8.1	7.4	6.2
カナダ	6.8	6.1	8.3	8.1	7.5	7.3	7.1	6.9
イギリス	4.8	5.6	7.6	7.8	8.1	7.9	7.6	6.1
ドイツ	11.2	7.4	7.6	7.0	5.8	5.4	5.2	5.0
フランス	8.9	7.4	9.1	9.3	9.2	9.8	10.3	10.3
イタリア	7.7	6.7	7.7	8.4	8.4	10.7	12.1	12.7
オランダ	5.9	3.7	4.4	5.0	5.0	5.8	7.3	7.4
ベルギー	8.5	7.0	7.9	8.3	7.2	7.6	8.4	8.5
ルクセンブルク	4.6	4.9	5.1	4.6	4.8	5.1	5.9	6.0
デンマーク	4.8	3.4	6.0	7.5	7.6	7.5	7.0	6.6
スウェーデン	7.7	6.2	8.3	8.6	7.8	8.0	8.0	7.9
フィンランド	8.4	6.4	8.2	8.4	7.8	7.7	8.2	8.7
ノルウェー	4.5	2.5	3.2	3.6	3.3	3.2	3.5	3.5
アイルランド	4.4	6.4	12.0	13.9	14.7	14.7	13.1	11.3
ギリシャ	10.0	7.8	9.6	12.7	17.9	24.5	27.5	26.5
スペイン	9.2	11.3	17.9	19.9	21.4	24.8	26.1	24.5
中国	4.2	4.2	4.3	4.1	4.1	4.1	4.1	4.1
韓国	3.7	3.2	3.6	3.7	3.4	3.2	3.1	3.5

※資料出所：『データブック　国際労働比較2016』（独立行政法人労働政策研究・研修機構）

8 有休消化率の国際比較

このページでは、日本企業の生産性が低い理由の４つ目である『労働時間数が長い』という問題点について、その根拠となるデータを紹介します。

左のページに掲載しているデータは、諸外国の「有給休暇の付与日数とその消化率」を示したものになります。具体的には、縦棒グラフは年間の有休付与日数を示しており、日本は20日となっています。他国については、多い国で30日、少ない国でも14日となっており、日本の有休付与日数は多くもなく少なくもなく、といった状況にあると言えます。

一方、図の折れ線グラフは、付与された有給休暇をどの程度消化しているか、すなわち実際にどの程度の有給休暇を取得しているかを示しています。これについては、調査対象の30カ国の中で、日本は最下位となっています。逆に、グラフの左側の国々、ブラジルやフランス、スペインなどでは、付与日数が多いにもかかわらず消化率は１００％という結果になっており、日本とは大きく状況が異なっています。

このような結果になっている最大の理由は、繰り返し述べているように、諸外国と日本との間で、働き方に関する文化や価値観が大きく異なっているためです。「休みを取るのは当たり前」といった考え方の国々と、「休みを取らないのが当たり前」という日本とでは、当然、このような違いが出てきます。最近でこそ、「休み方改革」といった言葉が飛び交うようになり、休みを取ることが生産性向上の面でも重要だと言われ始めています。しかしながら、文化や価値観に依拠する部分であるため、短期間で日本の有休取得率を劇的に改善するというのは、現実的には難しいでしょう。

このページでは、有休に関して説明しましたが、残業時間についても同じことが言えます。「残業しないのが当たり前」というのが、多くの国々における基本的な考え方であるのに対して、日本では「残業するのが当たり前」という考え方が依然として根強くあります。そのような考え方の差が、日本の労働時間の長時間化につながっているのです。

「労働時間数が長い」の具体例～休まない日本人～

●日本企業の有給休暇消化率は，比較対象国（30カ国）の中で最下位となっている。

●フランス・スペイン・イタリアといった欧州諸国では，日本よりも付与日数が多く，かつ消化率も高くなっている。

有給休暇消化率国際比較（2017年）

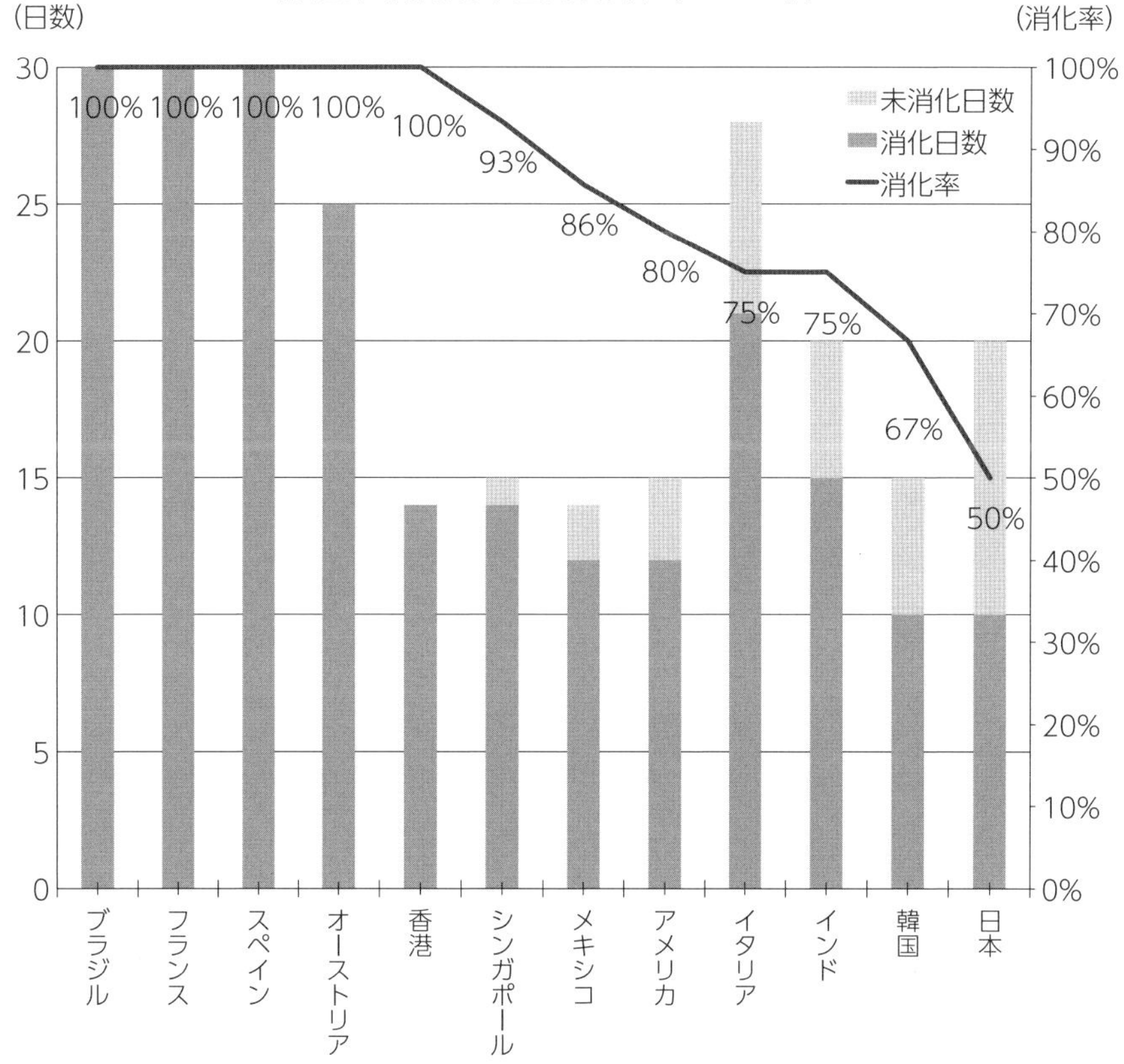

※資料出所：『世界30ヶ国　有給休暇・国際比較調査2017』（エクスペディア・ジャパン）

日本企業の〝低〟生産性に対する、変革アプローチの考え方

ここまで、日本企業の生産性が低い理由と、その根拠となるデータや資料について解説してきました。第3章の最後となる本ページでは、これまでの解説を踏まえた上で、日本企業はどのようなアプローチで生産性の向上に取り組んでいくべきなのか、取り組んでいくことができるのか、について説明します。

これまで述べてきたように、日本企業の生産性が低い理由は色々ありますが、いずれの理由にも共通しているのが、日本企業や日本人の「文化」や「価値観・志向」による部分が大きいという点です。したがって、根本的に生産性が低い理由・原因を是正するためには、その「文化」や「価値観」から変えていくことが必要になります。しかしながら、それらを変えるのは一朝一夕ではできません。長きにわたってしみついた考え方のスタイルを変えるというのは、非常に難しいことであり、かなりの時間を要することになります。

弊社でも、ここ数年の「働き方改革」ブームの中で、顧客企業の生産性向上に向けた取り組みを支援させていただく機会が増えています。その中で強く感じるのが、やはり「価値観は簡単には変わらない」という点です。働き方改革を主導すべき立場にある経営者や役員陣ですら、改革の必要性を頭（理屈）では理解されていても、本音（感情）の部分では従来の考え方に引きずられていると感じることが何度かありました。

それでは、文化や価値観をすぐには変えることができない中で、どのようなアプローチで生産性向上に向けた取り組みを進めていけばよいのでしょうか？　それを図示したのが左のページになります。まずは、「業務面」や「制度面」「能力面」「意識面」など、一定の改善効果が期待できる取り組みから着手するというのが、現実的なアプローチになります。すなわち、魂（文化・価値観）は変えずに、より表面的な部分（業務・制度・能力・意識）から改革を進めていくというスタンスです。そして、目先の行動を少しずつ変えていくことにより、中長期的な時間軸の中で、価値観や志向の変革を実現していくことになります。

生産性向上へのアプローチは，制度や意識から着手

●前ページまでのとおり，日本の“低”生産性は，日本企業や日本人の「価値観」による部分が大きい。
●価値観を変えるのは一筋縄ではいかないため，まずは「制度」や「意識」を変えることから始めるのが，現実的なアプローチとなる。

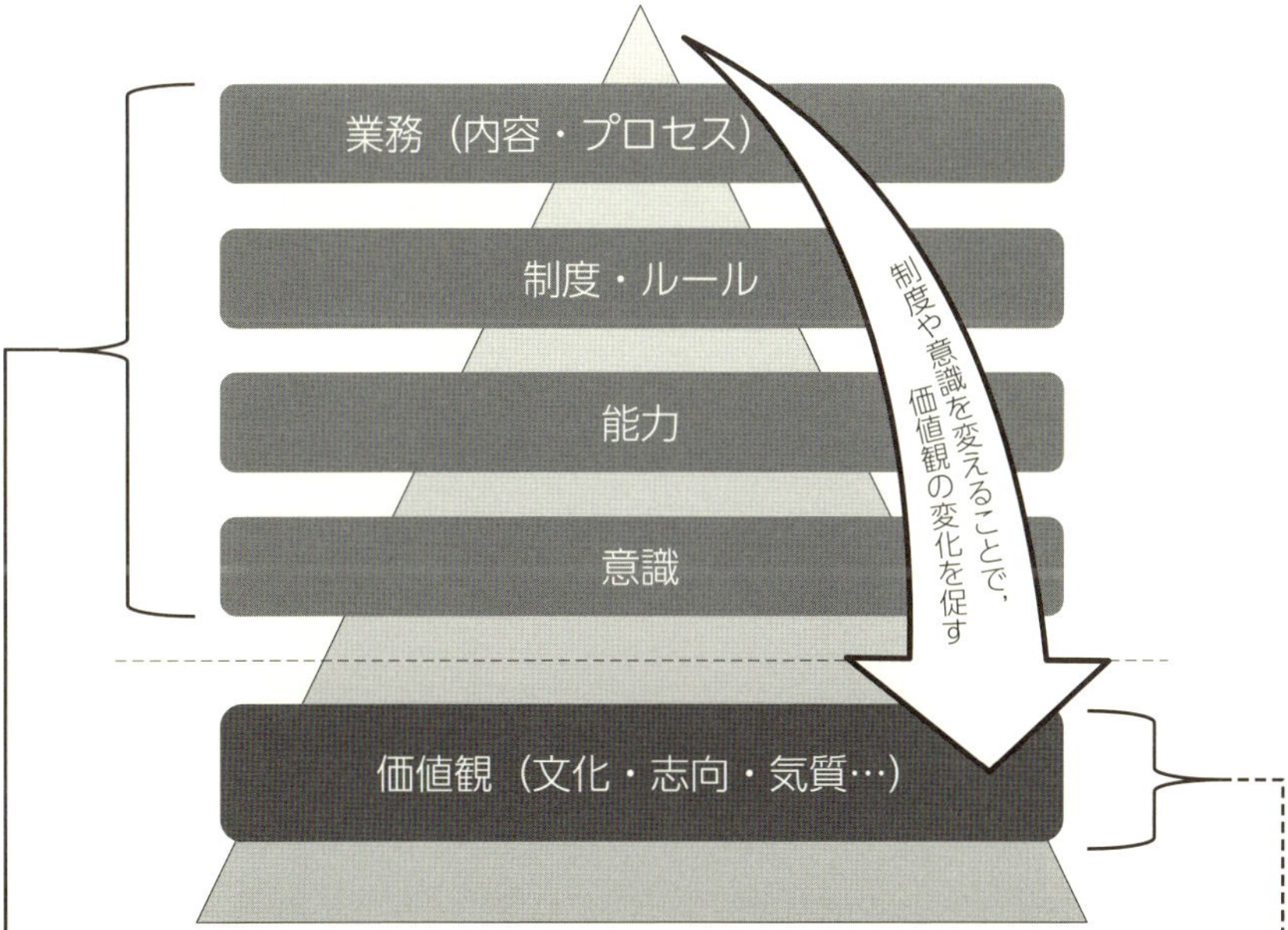

「業務」「制度・ルール」「能力」「意識」の４つの側面から，まずは実施可能な施策に取り組む
⇒やり方次第では，一定の改善が可能
⇒その結果として，中長期的には，価値観の変革にもつながっていくことが期待できる

価値観を変えることは簡単ではないため，ここにダイレクトにアプローチするのは非効果的

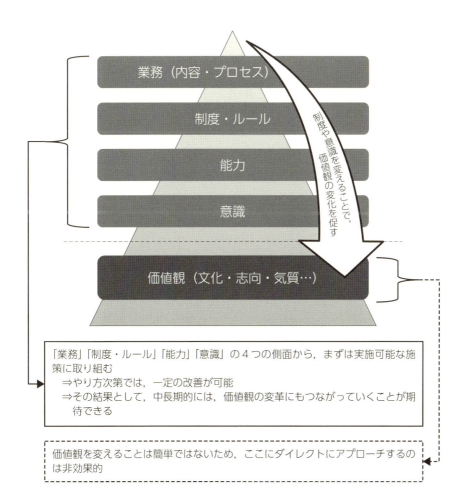

第4章

生産性向上に向けたアプローチ

何のための生産性向上か？〈生産性向上に対する自社の目的〉

第4章では、日本企業の低い生産性の実態を踏まえた上で、具体的にどのようなアプローチで生産性向上への取り組みを進めていくのかについて解説します。

生産性向上に向けた取り組みに着手するにあたり、まず実施すべきことは、そもそも「何のための生産性向上なのか？」を自社の中で明確にすることです。

世の中でしきりに生産性向上の必要性が喧伝されており、また生産性を向上させること自体は目的の有無に関係なく良いことであるため、ともすると〝なんとなく〟生産性の向上に取り組みがちです。皆様の会社でも、現在、働き方改革や生産性向上に取り組んではいるものの、それらの取り組みを通じた最終的な成果として何を実現したいのか？ということが曖昧にはなっていないでしょうか？

生産性向上というのは、実は目的実現のための〝手段〟でしかありません。したがって、生産性向上の目的が明確になっており、その目的実現につながるような取り組みを立案・実行することが必要です。もし目的が曖昧なまま取り組みに着手してしまうと、生産性は向上したものの、その結果として本来実現したかった成果（目的）にはつながらなかった、という事態に陥りかねません。

左のページでは、一般的に想定される生産性向上の「目的」として、4つの内容を掲げています。1つ目は「会社の利益面の拡大」、2つ目は「会社の売上面の拡大」、3つ目が「人不足に対応するため少ない社員数で会社を回せるようにする」、最後の4つ目が「労務リスクの軽減のため残業時間を低減させる」、といった目的です。どのような目的を目指すのかは、会社の置かれている状況や将来のビジョン等によって異なります。したがって、まずは生産性向上という手段を通じて、会社はどのような目的・成果を実現したいのかを明らかにすることが、取り組みの出発点になります。

目的が決まれば、生産性向上がその目的実現につながっているかを判定するための指標を明らかにしておくことも必要です。その指標を通じて、定期的に効果測定を行いながら、取り組みを進めていくことになります。

生産性向上へのファーストステップは「目的の明確化」

●生産性向上への取り組みを検討するにあたり，最初にすべきことは「目的の明確化」である。
●「何のための生産性向上か？」に対する明確な答えがないと，有意なアプローチを導出できない。

自社で生産性向上を目指す「真の目的」

◆生産性向上による会社業績数値（利益面）の拡大

測定指標
⇒　売上高対利益率
⇒　付加価値率

◆生産性向上による会社業績数値（売上面）の拡大

測定指標
⇒　売上高
⇒　１人当たり売上高

◆生産性向上による必要人員数の低減（省人化）
（⇒会社の人不足への対応）

測定指標
⇒　売上高と社員数
⇒　１人当たり売上高（付加価値高）

◆生産性向上による労働時間／残業時間の削減
（⇒社員の健康リスク／離職リスクの低減，会社のコストダウン）

測定指標
⇒　労働時間数（残業時間数）
⇒　１時間当たり売上高（付加価値高）

「生産性向上＝良い取り組み」という総論的な目的だけでは，
失敗に終わる可能性“大”

生産性向上の「目的」が不明確だとどうなるか？

「目的（＝生産性向上という〝手段〟を通じて実現したい成果・状態）」が不明確なまま生産性向上への取り組みを進めてしまうと、先ほども述べたように、生産性は向上したものの、本来的に期待していた成果にはつながらなかった、という事態に陥りかねません。これについて、具体的な事例を用いて解説したいと思います。

左のページでは、生産性向上に関する架空の事例を掲載しています。ある会社において、労働生産性の現状が「社員1人当たり売上高2000万円」であったとします。この会社では、生産性を現在よりも高めるために、具体的な取り組み施策として「工場への設備投資」を実施しました。具体的には、新しい機械を3億円で購入し工場に導入しました。また、新機械の導入に伴う生産プロセスの改革を行うことにより、工場の社員数を5名削減しました。これらの取り組みによって、労働生産性は「1人当たり売上高2105万円」となり、従来より7・5％も生産性が向上するに至りました。なお、全社の売上高自体は増加も減少もしていません。

この架空のケースが成功事例なのか、そうではないのかは、生産性向上の「目的」によって変わってきます。例えば、生産性向上を通じて「売上高は維持しながら省力化を図りたい」という目的であれば、本事例は成功と言えるでしょう。実際、全社の売上高を下げることなく、社員数の削減を実現しているからです。

逆に、生産性向上の目的が「全社的な利益面の拡大」という内容の場合はどうでしょうか？　左のケースでは、社員数の削減によって年間3000万円の人件費の低減を実現していますが、同時に、新機械の減価償却費が年間3000万円増えています。したがって、少なくとも減価償却が発生する10年間は、生産性向上によって利益が増えることはありません。「利益拡大」という目的に照らすと、本事例は成功とは言い難いでしょう。

このように、取り組みによって生産性は向上したとしても、それが経営／事業面での本当に成果につながったかどうかは、生産性向上の目的をどこに置くかによって変わってくるのです。

生産性向上の「目的」が不明確な場合の落とし穴

●各種取り組みの結果として「労働生産性」を向上させたとしても、例えば以下のケースは成功と言えるのか？
●生産性向上のアプローチで重要なのは、「“何のために”生産性向上を目指すのか？」を明確にすること。

3億円を投資し，工場の機械設備を購入（耐用年数10年）

現状

売上高……………	20億円／年
社員数……………	100名
総額人件費………	6億円／年
労働生産性………	2,000万円／人（売上高÷社員数で算出）
減価償却費………	0円

取り組み後

売上高………………	20億円／年	※変動なし
社員数………………	95名	**※5名削減**
総額人件費…………	5.7億円／年	**※0.3億円削減**
労働生産性…………	2,105万円／人	**※105万円アップ**
減価償却費…………	3,000万円／年	**※0.3億円アップ**

「労働生産性」だけを捉えると，確かに設備投資によって向上はしているが…
（⇒費用面からの効果を捉えると，投資前後で変わらない）

上記ケースの是非については，生産性向上の**目的**によって判断されることになる（よって，目的が明確であることは，何よりも大切）

まずは自社の生産性を把握する〈生産性の現状分析、世間水準との比較〉

生産性向上に取り組む「目的」が明らかになれば、具体的なアプローチに着手することになります。最初のステップでは、自社の生産性がどのような実態にあるのかを「現状分析」を通じて把握します。取り組みのテーマや目的の内容にかかわらず、問題解決に向けたアプローチにおいて「現状把握」は必ず実施すべきアクションです。「現状」と「理想（目標）」のギャップを埋めることが、問題解決そのものだからです。そもそも、問題の程度やその原因が分からなければ、真に必要な取り組み施策を導き出すこともできません。

生産性向上に向けた現状分析として、左のページでは3種類の分析手法を掲載しています。1つ目の「定量分析」では、自社の生産性指標が現在／過去においてどのような数値を示しているかを具体的に算出します。過去から現在までの生産性指標が目標とすべき数値に到達していなければ、その乖離度合いに応じて具体的な取り組み施策を検討することになります。なお、生産性指標には「直接指標」と「間接指標」の2つがあります。前者は生産性指標そのものであり、後者は生産性を構成しているデータになります。

定量分析では、自社の実態だけを把握するのではなく、同業／同規模他社との比較を行うことも必要です。当該比較を通じて、自社が目指すべき生産性の目標値を設定するべきだからです。同業／同規模の世間水準より自社の生産性指標が劣っていれば、少なくとも最初に目指すべきは世間水準ということになるでしょう。

2つ目の現状分析手法は「定性分析」です。具体的には、社員への意識調査やヒアリングを通じて、自社の生産性に強い影響を与えている要因（特にマイナスの影響要因）を把握することが主たる目的です。なお意識調査をアンケート方式で行う場合は、前ページで解説した4側面・10項目の生産性影響要因をベースに具体的な設問項目を組み立てることで、網羅性を担保できます。

最後の「業務分析」ですが、業務面の改革・改善の必要性が高いと想定される場合には、当該分析も併せて実施することが必要になります。

「定量」「定性」の両面から自社の生産性を分析

●具体的なアプローチを検討するにあたっては，ファーストステップとして「実態把握」が必要となる。
●自社の生産性を「定量」「定性」の両面から分析した上で，定量指標は世間比較も行うことが望ましい。

生産性向上に向けた実施ステップ・実施事項～基本的な流れ～

現状分析 → 方針策定 → 詳細設計・研修実施 → 制度運用・研修フォロー

①生産性に関する「定量分析」～結果分析～

●直接指標の算出…過去数年間の「1時間当たり付加価値高」「1人当たり付加価値高」「1人当たり売上高」等を算出
●間接指標の算出…過去数年間の「付加価値高」「売上高」「利益率」「付加価値率」「社員数」「労働時間数」等を算出
●世間水準との比較…上記で算出した自社の各指標について，同業他社や同規模他社の水準を調査し，世間比較を行う

②生産性に関する「定性分析」

●社員意識調査の実施…前述した生産性影響要因（4側面・10項目）について，社員の認識面・感情面を把握する
●社員ヒアリングの実施…上記の社員意識調査を補完するアプローチとして，各階層・各部門ごとのキーパーソンに意見聴取を行う

③業務分析　※業務面からのアプローチが必要であると推察される場合

●社員の担当業務内容…各社員の業務状況を調査し，「業務領域の明確性」や業務の「重要度」，「重複有無」等を把握する
●業務ごとの遂行プロセス…上記業務の遂行方法を調査し，プロセスの「明確性」や「妥当性」，「遵守性」等を把握する

自社の生産性のボトルネックを洗い出す

現状分析では、自社における生産性の実態を把握するだけでなく、生産性を低下させている問題点を洗い出すことも必要です。言うまでもなく、生産性を改善・向上していくためには、まずは現在の問題点を取り除かなければならないからです。

問題点の整理や特定を行う方法には様々なやり方がありますが、できるだけ網羅的に問題点を洗い出し、かつその中から最も大きな問題箇所を特定するといった流れで進めていくことが理想的です。したがって、生産性に関する問題分析では、第3章で紹介した「4つの低下要因」の枠組みに基づいて問題点を整理・特定するといった方法をお勧めします。すなわち、日本企業の生産性に関して共通的に問題となっている部分（＝生産性を低下させている理由）であり、具体的には『無駄なアウトプットが多い』『低付加価値なアウトプットが多い』『社員数が多い』『労働時間数が長い』の4つになります。

問題の整理・特定に向けた具体的な流れですが、まずは現状分析のうち「定量分析」の結果を踏まえて、複数の生産性指標の中から改善が必要な項目を見つけ出します。その上で、「定性分析」の結果に基づき、改善が必要な生産性指標に悪影響を与えている現在の問題点を、4つの低下要因ごとにできるだけ多く洗い出します。左のページには、そのイメージを掲載しています。例えば、『無駄なアウトプットが多い』という生産性低下要因であれば、「形式的な作業や業務目的の欠如した作業が複数発生している」「部署をまたいで同じ業務が行われており、結果が共有化されていない」「有用性や有意性の低い資料の作成が複数発生している」といった具体的な問題点を抽出することになります。掲載している問題例はあくまでも一例ですので、実際の問題分析では自社の実態に即した問題点を見極め、洗い出してください。

最終的には、洗い出した問題点の内容を俯瞰的に精査し、4つの低下要因のうち自社のボトルネックはどのエリアにあるのか、また当該エリアの中で自社の生産性に最も大きな悪影響を与えているのはどの問題点かを特定することになります。

現状分析を通じて生産性のボトルネックを特定

●現状分析のステップでは，実態把握を行うだけでなく，結果に基づき問題点を洗い出すことも必要。
●例えば，日本企業によくみられる生産性の低下要因（4つの理由）に基づいて，自社のボトルネックを整理・特定するという方法もある。

アウトプット面の問題例

無駄なアウトプットが多い

✓形式的な作業や業務目的の欠如した作業が複数発生している
✓部署をまたいで同じ業務が行われており，結果が共有化されていない
✓有用性や有意性の低い資料の作成が複数発生している

低付加価値なアウトプットが多い

✓業務プロセスが無用に煩雑化しており，付加価値向上につながっていない
✓社員の意識が，成果よりもその過程を重視しすぎる傾向にある
✓競合他社との価格競争により，主力商品の売値が年々低下している

インプット面の問題例

社員数が多い

✓採算性悪化により●●事業を縮小したものの，人員はリストラしていない
✓バブル期に大量採用したものの，当該社員層を十分に活用できていない
✓同業他社を買収し人員を受け入れた結果，特定業務で余剰が発生している

労働時間数が長い

✓若手・中堅社員の多くが「上司よりも早く帰りづらい」と感じている
✓社員の多くが，業務の閑散期であっても「休みづらい」と感じている
✓一部の社員について，明らかに「生活残業」をしている傾向がある

自社の生産性の“ボトルネック”は，
低生産性の4要因のどこにあるのか？？？

生産性向上に対する4つのアプローチ

ここからは、生産性の向上に向けた具体的なアプローチのあり方について解説していきます。まずは「アプローチの観点」を明らかにすることが必要です。ここで言う「アプローチの観点」とは、生産性向上に向けた具体的な施策／取り組みについて、人材マネジメントのどの部分にフォーカスするのかということです。

フォーカスする観点としては、最大公約数的な捉え方をすると、左のページに掲載の4つの観点、すなわち『意識面』『能力面』『制度面』『業務面』に区分することができます。他の切り口で整理することも可能かとは思いますが、生産性向上に向けた具体的な取り組み施策を体系的に検討していくのであれば、この4つの観点で整理することが一番分かりやすく、どのような企業／ケースにも当てはまると考えます。

1つ目の観点は、社員の『意識面』にフォーカスした取り組みです。社員1人ひとりが、自らの仕事を効率的／能率的に進めていくということを〝意識〟しなければ、どれだけ能力開発や制度改善を行っても、生産性向上を実現することは難しいでしょう。

2つ目の観点は、社員の『能力面』にフォーカスした取り組みです。本人の意識とは関係なく、スペックとして仕事を早く進めていける能力であったり、より付加価値の高いアウトプットを創出することができる能力を習得・向上させるための取り組みになります。

3つ目の観点は、『制度面』です。これについては少しイメージしづらいかもしれませんが、例えば、柔軟な労働時間制度の導入などが挙げられます。このような取り組みは、本人の意識や能力とは直接的には無関係です。しかしながら、効率性への意識や能力があっても、制度的に柔軟な働き方が認められていなければ、結果的には生産性を損なう恐れがあります。そこにメスを入れるのが、この『制度面』での施策になります。

最後の4つ目の観点は、『業務面』でのアプローチです。これについては、いわゆる業務改革や業務改善を通じて、無駄な業務を排除したり、付加価値の高い業務にシフトさせるといった取り組みになります。

4つの観点から生産性向上へのアプローチを実施

●生産性向上に向けたアプローチについては，以下の４つの観点（カテゴリ）に分類することができる。
●生産性向上の目的やボトルネックの箇所・程度に基づき，アプローチの観点を決めることになる。

意識面 ＊1

▶多くの社員が，自ら生産性向上を意識した働き方を実践するようになる仕掛け（インセンティブ）や取り組みを実施

能力面 ＊1

▶(意識とは直接関係なく)「個人」もしくは「組織」としての能力について，能率性のアップにつながる育成や取り組みを実施

制度面 ＊1

▶不要な労働時間や残業時間の低減に向けて，柔軟な働き方や繁忙に合わせた働き方を可能にする労働時間制度を導入

業務面

▶「無駄な業務の排除」「業務の重複の排除」「非効率な業務プロセスの見直し」に向けて，業務改善や職務再設計を実施

＊１：本書のテーマである『人材マネジメント』関連の生産性向上アプローチは，上記４つの観点のうち，主として「意識面」「能力面」「制度面」となる。

1 意識面

前ページで取り上げた「生産性向上に関する4つのアプローチ（観点）」について、ここからは1つひとつの観点ごとに具体的な解説を行います。まず本ページでは、社員の『意識面』についてです。

生産性向上に向けた4つのアプローチのうち、この「意識面」が最も重要であると言えます。社員の能力を高めたとしても、また柔軟な働き方が可能になる仕組みを取り入れたとしても、生産性に対する「意識」が低いと、結局は効率的な行動の実践に至らないからです。

この「意識」というのは、比較対象として語られることも多い「能力」と比べると、〝変わるときはすぐに変わる〟という特徴を持っています。例えば、業務スピードの能力がない社員について、その能力をアップするには一定の時間がかかります。しかしながら、今までダラダラ仕事をしていた社員が、「明日から効率性を意識した働き方をしよう」と思えば、意識自体はすぐに変わることになります。

なお、「意識」と「価値観」の関係性についてですが、両者は密接な関係を有しているものの、厳密には異なります。「意識」については、逃げられない環境や条件を与えることで、たとえ表向きであっても短期間で変わる可能性があります。一方、本音の部分である「価値観」は、個々人のフィロソフィーの部分になるため、簡単に変わるものではありません。

左のページには、この「意識面」において、生産性向上に向けた具体的な施策を洗い出す際のポイントを3つ掲載しています。このうち、1つ目と3つ目のポイントについては、すでに触れたとおりです。残る2つ目の「意識を変えることの〝メリット〟も併せて訴求する」というポイントですが、これは生産性を意識した行動等を社員に促す際、単に必要性だけを義務的に理解させるのではなく、「生産性向上が社員にとってどのようなメリットをもたらすのか」といった動機づけの側面も非常に重要である、ということです。これは、内発的な動機の有無が、意識の改善が長続きするかどうかに強く関わってくるからです。

「意識面」における生産性向上アプローチのポイント

●生産性向上に対する意識を高めることは，能力面・制度面・業務面のアプローチよりも必要性が高い。
●生産性向上に対する意識が低いままでは，他のアプローチが形骸化してしまう恐れがある。

意識面

▶多くの社員が，自ら生産性向上を意識した働き方を実践するようになる仕掛け（インセンティブ）や取り組みを実施

施策導出のポイント

～現在の意識が低い理由を明らかにする～

●そもそも，なぜ現在は生産性向上に対する意識が低いのか，その理由いかんによって具体的な取り組み施策も異なってくる。

～意識を変えることの「メリット」も併せて訴求する～

●「生産性向上の必要性」だけでなく，「生産性向上が社員に与える具体的なメリット」まで訴求しないと，社員はついてこない。

～（最初から）価値観まで変えることは求めない～

●まずはインセンティブ等を通じて意識（行動）を変えていくことで，そのベースにある価値観にまで波及することを期待する。

2 能力面

このページでは、生産性の向上に向けた『能力面』に関するアプローチについて解説します。具体的には、「(意識とは直接関係なく)〝個人〟もしくは〝組織〟としての能力について、能率性のアップにつながる育成や取り組み」がテーマになります。

生産性に関する「能力」としては、個々人の意識とは関係なく、例えば「仕事を能率的に進めていくことができる」であったり、「より付加価値の高いアウトプットを創出することができる」、などが該当します。いわゆるスペックということになります。したがって、先ほどの「意識」とは逆の性質として、「能力」の場合は改善や向上に一定の時間が必要となります。意識面のように、思い立ったらすぐに良くなる…ということは、能力面については基本的にあり得ません。このため、生産性の向上に必要となる能力(特にスキル面)を強化していくには、先を見据えてじっくりと取り組む姿勢が企業には求められます。

能力というと、一般的には「個人」だけをその対象として捉えがちですが、実際には「組織」としての能力も存在します。複数の社員で構成されたある組織が、組織としての成果を出すことを求められている場合、社員1人ひとりの能力だけでなく、社員同士の連携力も重要な要素となります。もし、社員の関係性が悪化していると、組織としては能力が発揮できない、高い成果を創出できない、といった状況に陥ってしまうでしょう。したがって、生産性向上に向けて「能力面」からアプローチする場合には、個人だけでなく組織もその対象として検討することが必要になります。

左のページには、この「能力面」において、生産性向上に向けた具体的な施策を洗い出す際のポイントを3つ掲載しています。1つ目と2つ目のポイントについて、その前提となる考え方はすでに説明したとおりですが、実際に検討するにあたっては、「意識と能力の違い」や「個人と組織の違い」をしっかりと見極めることが大切です。そこを誤ると、当然ですが見当違いな取り組みにつながってしまいます。

「能力面」における生産性向上アプローチのポイント

●「意識面」とは異なり「能力面（特にスキル）」の改善には，一定の時間を要することになる。
●その一方で，継続的にアプローチを続ければ，一定の効果が期待できるのも能力面の特徴である。

能力面

▶（意識とは直接関係なく）「個人」もしくは「組織」としての能力について，能率性のアップにつながる育成や取り組みを実施

施策導出のポイント

～意識の問題か，能力の問題かを十分に分析する～

●表面的には能力面の問題のように見えても，実際には意識面の問題である可能性もあるため，十分な見極めが必要。

～個人の問題か，組織の問題かを十分に分析する～

●チームの生産性が悪い場合，メンバー個人の能力的問題なのか，メンバー間連携の問題なのかにより，対応策も異なってくる。

～「スキル」の習得は短期間では難しいことを前提にする～

●知識・ノウハウの付与による能力改善は短期間で実現可能だが，スキル面の能力改善には継続的な取り組みが必要。

3 制度面

生産性向上に対する具体的なアプローチの3つ目は、『制度面』です。具体的には、「不要な労働時間や残業時間の低減に資するような、柔軟な働き方や繁忙に合わせた働き方を可能にする労働時間制度」がこの観点での検討テーマになります。

例えば、生産性向上への意識が高く、かつ仕事のスピード（能力）も速い社員がいると仮定します。この社員が、ある日のタスクを効率的に遂行した結果、所定の終業時刻よりも前に業務が終了したとしても、フレックスタイム制や裁量労働制といった仕組みが導入されていなければ、基本的には終業時刻まで在社しなければなりません。そうなると、無用な手待ち時間が発生するため、この社員の時間当たりの生産性は下がってしまいます。

このような状況を回避するには、働き方に関する制度・仕組みの見直しが必要になります。これこそが、「制度面」で具体的に検討する施策になります。「意識」や「能力」とは直接的には関係なく、あくまでも制度の新設や改定だけで生産性の向上を実現させるというのが、「制度面」における アプローチの目的です。

なお、この「制度面」で取り上げる「制度」については、いわゆる「労働時間制度」を対象とします。後述するように、人事制度（評価制度や賃金制度など）も生産性向上に向けた具体的なアプローチに含まれますが、機能・効果としては「意識」や「能力」の向上という側面が強いため、人事制度は「意識面」や「能力面」の具体的施策として検討することになります。

左のページには、「制度」の側面から、生産性向上に向けた具体的施策を洗い出す際のポイントを3つ掲載しています。1つ目と2つ目のポイントに共通しているのが、柔軟な労働時間制度を導入・運用する際には、実態を十分に踏まえることが必要である、という点です。例えば、裁量労働制を導入したものの、かえって労働時間が長時間化し生産性も悪化してしまったケースもよく耳にします。柔軟な働き方を可能にする仕組みであっても、それが生産性向上の面で上手く機能するかどうかは、会社や職種によって異なるということです。

「制度面」における生産性向上アプローチのポイント

●ここで言う「制度面」のアプローチとは，意識面や能力面とは直接的に関係なく，制度的にインプットの無駄を排除したり，インプットとアウトプットの関係性を改善したり，という類の施策である。

制度面

▶不要な労働時間や残業時間の低減に向けて，柔軟な働き方や繁忙に合わせた働き方を可能にする労働時間制度を導入

施策導出のポイント

～職種ごとに「成果と時間の関係」が異なる点に注意する～

●成果と時間が比例傾向にある職種の場合，柔軟な働き方を安易に認めると生産性が悪化する恐れもあるので注意が必要。

～みなし労働時間制は，実時間の推移に留意する～

●制度上の労働時間は固定されるものの，実際には長時間労働になってしまう可能性があるため，運用上の注意が必要。

～短時間（短日数）勤務の処遇の在り方に注意する～

●「１日６時間勤務」の社員と「１日８時間勤務」の社員が同じ成果を出した場合など，賃金の決め方には十分な検討が必要。

4 業務面

最後の4つ目の観点は、『業務面』からの生産性向上アプローチについてです。業務改革や業務改善を通じて、無駄な業務を排除したり、非効率な業務プロセスを見直したりすることが、「業務面」における具体的な検討テーマになります。本書では、「人」の側面から生産性を向上させるためのアプローチや具体策にフォーカスしているため、「業務面」に関しては後段でも詳しくは触れていません。

しかしながら、生産性の大幅な引き上げを実現するには、業務の改革・改善は不可避になります。したがって、ポイントのみにはなりますが、「業務面」からのアプローチについてもこのページで簡単に触れておきたいと思います。

第3章で述べたように、日本企業の生産性が低い理由の1つとして、「職務の定義・範囲が厳密ではない」という点があります。アメリカ企業のような職務主義とは異なり、多くの日本企業は「人」を軸にしたマネジメントや処遇を今日まで行ってきました。具体的には、まずは社員の採用と育成がありきであり、その後、1人ひとりの適性や将来性などを考慮しながら、だれにどのような仕事を割り当てるかを決定するのが、日本企業の人材マネジメントの特徴です。「人に仕事を充てる」という文化であり、欧米の「仕事に人を充てる」文化とは真逆の考え方になります。このため、職務（仕事）の定義や範囲を厳格に定めておく必要性が乏しく、結果としてそれが生産性を低下させる要因になっています。

したがって、左のページには、業務改革や業務改善を行う際のポイントを複数列挙していますが、そのような改革・改善と併せて実施すべきことが、「職務定義の明確化」になります。具体的には、社内にどのような仕事があり、それぞれどのような仕事内容であるかを「職務記述書」として明文化することです。仕事の定義があいまいな中で育ってきた日本人にとって、この作業は非常にハードルが高いと言えます。しかしながら、「職務の明確化」を抜きにして業務改革や改善だけに終始してしまうと、結局は時間の経過とともに、業務の無駄や重複が再発する恐れがあります。

「業務面」における生産性向上アプローチのポイント

●日本企業の場合，「業務面」に根本的な問題を抱えているケースが多いと推察される。
●しかしながら，業務面のアプローチについては全社的に大きな負荷がかかるため，実施内容や実施方法については十分な検討が必要。

業務面

▶「無駄な業務の排除」「業務の重複の排除」「非効率な業務プロセスの見直し」に向けて，業務改善や職務再設計を実施

施策導出のポイント

～人事主導ではなく，全社的な取り組みテーマとする～

●業務改善・改革の取り組みは各部署の反発を招きやすいため，全社テーマとしてトップダウンで進めていくべきである。

～「業務改革」ありきではなく，必要な取り組みを絞り込む～

●抜本的な業務改革には多大な時間・コストを要するため，目的実現のために必要な取り組みに絞ることが必要。

～“無駄”や“非効率”などの判断軸を共通化しておく～

●業務の“無駄”や“非効率”の判断軸が個人任せだと，取り組みにバラつきが出るため，共通の判断軸で評価することが必要。

「生産性が低い理由」と「生産性向上アプローチ」のマトリックスで考える

次の章で紹介するように、生産性向上に向けた具体的な取り組み施策には、様々な方法・内容があります。その中から、自社で実際に取り組む施策を決定するにあたっては、良さそうな施策や他社が実施している施策を安易に選ぶのではなく、合理的な考え方に基づいて選定することが必要です。そうしないと、結果的には取り組みが途中でシュリンクしてしまったり、そもそもの目的や成果の実現につながらない、といった状況に陥る恐れがあるからです。

左のページでは、具体的な取り組み施策を導き出すにあたっての〝フレームワーク〟を掲載しています。具体的には、これまで説明してきた2つのポイント、すなわち、「生産性が低い理由（要因）」と「生産性向上のアプローチ」のマトリックスを使って、具体策を検討し導き出すという方法です。マトリックス表の1つひとつのマスの中で自社はどこにフォーカスすべきなのか考えることにより、取り組み施策を導出していく流れになります。

まずは、「生産性が低い4つの要因」のうち、自社ではどこを改革／改善のターゲットにするかを決定します。アウトプットの「量」なのか「質」なのか、インプットの「人数」なのか「時間数」なのか、どの部分の問題解決が必要なのかを決めるということです。これは、生産性向上の目的や現在の問題点によって判断します。

次に、ターゲットが決まると、その改革や改善に向けて、どのような観点からアプローチするのか決定します。例えば、アウトプットの量／質は維持した上で「労働時間数の削減」をターゲットにする場合、その実現に向けて、社員の「意識」を変えるのか、「能力」を上げるのか、柔軟な労働時間の「制度」を入れるのか、「業務」の改革・改善を行うのか、を検討します。なお、アプローチを決定するにあたっては、目的や現在の問題点だけでなく、「制約条件」も考慮することになります。例えば、本来的には能力面のアプローチを行いたいものの、必要な研修コストが当面は出せないといった制約がある場合、まずは経営トップによる訓話等を通じて意識へのアプローチから行う、といったケースです。

「ターゲット」と「方法論」のマトリックスで施策を導出

●これまでに説明した「生産性が低い理由（要因)」と「生産性向上のアプローチ」をマトリックスで考えることにより，具体的な取り組み施策を網羅的に洗い出すことができる。

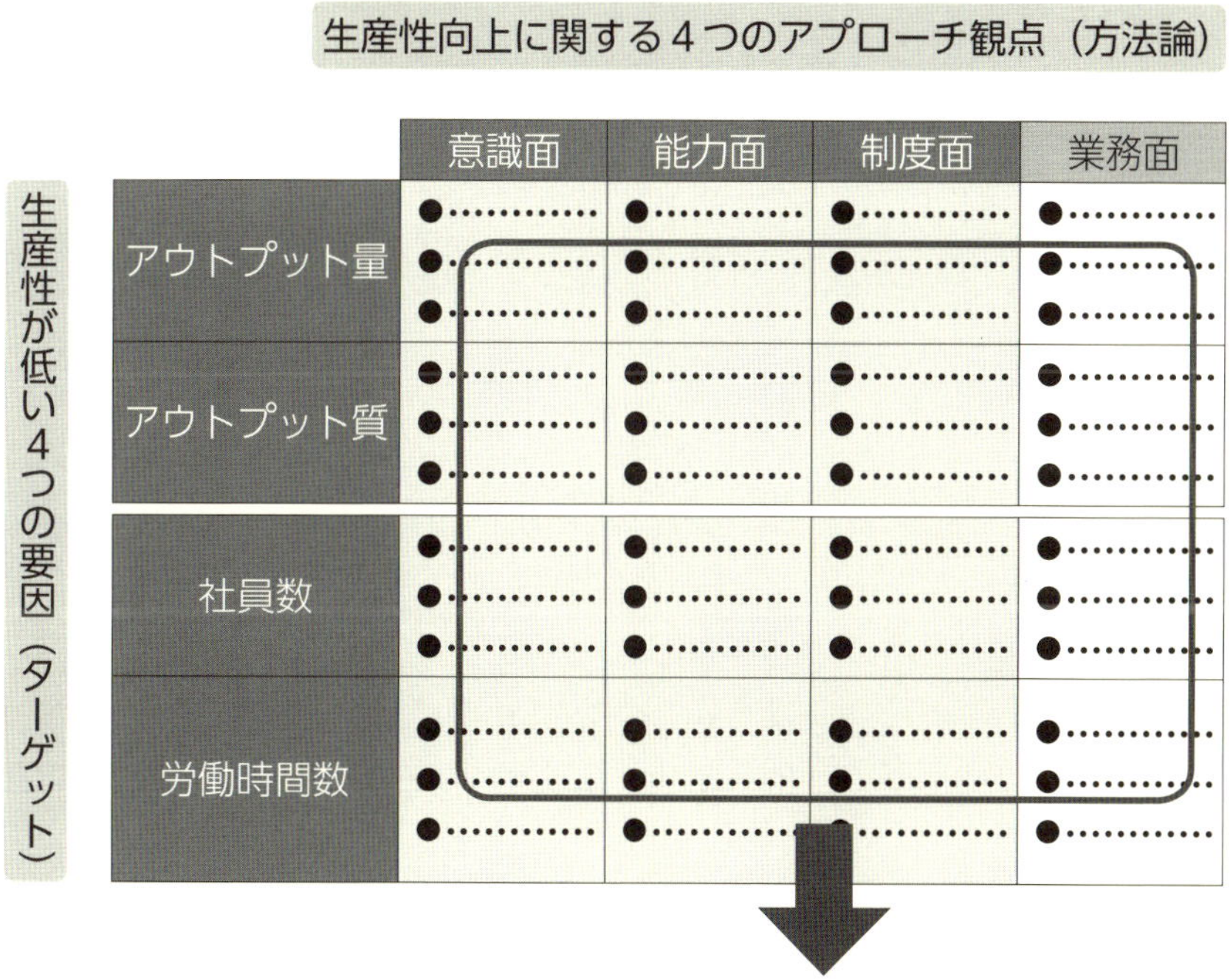

「4×4」のマトリックスを通じて，“ターゲット”と“方法論”の観点で**施策**を具体的に洗い出していく

生産性と人材マネジメントの関係について

生産性向上に資する取り組み施策のうち、本書では「人に関する具体策を中心に紹介します。すなわち、『人材マネジメント関連』の具体策になりますが、これについては左のページに掲載しているように、４つの分野に整理することができます。

1つ目は、いわゆる「人事制度関連」の施策であり、等級制度／評価制度／賃金制度といった主要3制度の見直しを通じて、生産性向上に対する社員の〝意識〟を高めたり、生産性向上に必要な〝能力〟の開発を促すといった取り組みになります。人事制度は人材マネジメントの根幹をなす仕組みであり、また社員への影響も大きいため、すでに多くの企業が人事制度を通じた生産性向上施策に取り組んでいます。

2つ目の人材マネジメント施策は「労働時間制度」に関する部分です。具体的には、勤務時間制度や休日・休暇制度の見直しを通じて、より効率的／能率的に働くことができる環境を整えるといった取り組みになります。いわゆる働き方改革の場合には、この分野での施策を重点的に検討します。最近では、法律に基づく制度だけでなく、会社オリジナルの仕組みを取り入れている会社も増えています。

人材マネジメント施策の3つ目は、「物理的施策関連」です。これは、勤務場所の柔軟化やオフィス利用時間・会議時間の制限といったアプローチになります。具体的には、働く場所を柔軟に認めることで、より生産的な働き方を推進したり、逆に、オフィスやPCなどの物理的側面から働く時間について制限をかけることを通じて、無駄を労働時間を削減する、などの取り組みがあります。

最後の4つ目は、「研修・トレーニング」に関する人材マネジメント施策です。これについては、生産性に対する意識や生産性向上に必要な能力を高めるために、社内外で研修を実施するといった取り組みが中心になります。時間とコストがかかる取り組みではあるものの、意識面や能力面の改善にダイレクトにアプローチできるメリットがあります。

人材マネジメント関連の生産性向上施策～４分野～

●生産性向上に向けた施策のうち『人材マネジメント（意識面／能力面／制度面）』に関する内容としては，「人事制度関連」「労働時間制度関連」「物理的施策関連」「研修・トレーニング関連」がある。

生産性向上に向けた人材マネジメント施策

１．人事制度関連

▶人事制度の主要３制度（等級制度・評価制度・賃金制度）について，生産性向上への意識が高い社員や能率性が良い社員を厚く処遇する仕組み等への見直しを行う。

２．労働時間制度関連

▶勤務時間制度や休日・休暇制度について，状況に応じて柔軟に働くことができる仕組み等への見直しを行う。法律で規定されている労働時間制度の活用にとどまることなく，法律を上回る仕組みの導入も検討。

３．物理的施策関連

▶社員１人ひとりの仕事内容や志向，家庭事情などに応じて，勤務地や勤務場所を柔軟に選択できる仕組み等への見直しを行う。また，労働時間や会議時間を物理的に制約する仕組み等の採用も検討。

４．研修・トレーニング関連

▶能率性のアップにつながる仕事の進め方や，重要度合いに応じた仕事の進め方など，能力面の向上に向けた研修・トレーニングを実施する。また，ワークライフバランスなど生産性向上意識を喚起する研修等の実施も検討。

第5章

生産性向上に向けた具体的取り組み施策50

生産性向上に向けた人材マネジメント改革〈全体像〉

第5章では、本書のメインである「生産性向上に向けた具体的な取り組み施策」を紹介します。トータルで「50」の具体策を掲載しています。法律にも規定されている一般的な仕組みから、少しエッジの効いた施策まで幅広く取り上げていますので、具体的な施策を網羅的に検討される際には、有効的に活用いただけるかと思います。

個別施策ごとの具体的な解説を行う前に、このページでは、先ほど説明した「人材マネジメント施策の4つの分野」について、それぞれの分野ごとに具体的な取り組み施策の種類をまとめています。「人事制度関連」と「労働時間制度関連」はそれぞれ3種類、「物理的施策関連」と「研修・トレーニング関連」はそれぞれ2種類に分かれますので、トータルで10種類の詳細分野で施策を整理することができます。次項目以降では、この詳細分野ごとに1つひとつの施策について解説を行います。

1つ目の「人事制度関連」については、人事制度の3本柱である「⑴等級制度関連」「⑵評価制度関連」「⑶賃金制度関連」になります。例えば、⑵評価制度関連の施策には、「生産性評価項目の設定」や「高生産性社員から評価項目を抽出」などがあります。

2つ目の「労働時間制度関連」については、裁量労働制やフレックスタイム制などの「⑴勤務制度関連」、勤務時間を短くする「⑵勤務時間短縮関連」、週休3日制などの「⑶休日・休暇・休憩関連」といった3種類に分けて、それぞれ具体的な施策を紹介します。

3つ目の「物理的施策関連」については、施策の種類としては、「⑴勤務場所関連」と「⑵時間関連」に分けることができます。例えば、⑴勤務場所関連の施策には、「在宅勤務制度の導入」や「レンタルオフィスの導入」などがあります。

4つ目の「研修・トレーニング関連」についてですが、生産性向上をターゲットにした研修は、実は色々あります。そのうち本書では、「⑴能力開発関連」といった能力面の研修と、「⑵意識改革関連」といった意識面の研修に絞って具体的な施策を紹介します。

４つの取り組み分野における具体的な取り組み施策

●生産性向上に向けた『人材マネジメント改革』について，４つの取り組み分野ごとに具体的な施策を体系的に整理すると，以下のとおりになる。
●例えば，人事制度関連の施策は「等級制度関連」「評価制度関連」「賃金制度関連」に分類することができる。

１　人事制度関連

(1) 等級制度関連
・生産性指標を昇格要件に設定
・職務等級／役割等級の導入 等

(2) 評価制度関連
・生産性評価項目の設定
・高生産性社員から評価項目を抽出 等

(3) 賃金制度関連
・定額残業手当の導入
・生産性に連動した賃金の導入 等

２　労働時間制度関連

(1) 勤務制度関連
・裁量労働制の導入
・出社日選択制度の導入 等

(2) 勤務時間短縮関連
・所定労働時間の短縮
・短時間／短日数勤務制度の導入 等

(3) 休日・休暇・休憩関連
・週休３日制や週休１日制の導入
・連続休暇制度の導入 等

３　物理的施策関連

(1) 勤務場所関連
・在宅勤務制度の導入
・レンタルオフィスの導入 等

(2) 時間関連
・オフィス利用時間の制限
・会話禁止時間帯の設定 等

４　研修・トレーニング関連

(1) 能力開発関連
・タイムマネジメント研修の実施
・チームビルディング研修の実施 等

(2) 意識改革関連
・ワークライフバランス研修の実施
・組織風土改革研修の実施 等

1 上位等級への「昇格要件」の1つとして生産性の実績を設定

人事制度関連の各種施策のうち、まずは「(1)等級制度関連」の施策を5つ紹介します。等級制度というのは、役割や能力、職務など一定の要素に基づいて、社員の階層区分（＝等級ランク）を設定する仕組みです。この等級ランクに基づいて評価制度や賃金制度を決めていくケースが多いため、人事制度の中でも柱になる仕組みと言えます。

左のページでは、等級制度を使った生産性向上施策として、昇格要件に「生産性の実績」を取り入れた事例を掲載しています。昇格要件とは、等級を上げるために満たすべき要件・条件をまとめたルールになります。一般的には、最短在級年数や過去の評価履歴などを昇格候補者の選出要件として設定しているケースが多いようです。そこに「生産性実績」も昇格要件として追加することにより、現在の等級で生産性が高い働き方やマネジメントができている社員を上位等級に昇格させる（その候補者とする）ことが可能になります。したがって、社員に生産性を意識した業務遂行を促す効果が期待できます。

昇格要件としての「生産性実績」にどのような指標を取り入れるかですが、左の事例ではＪ１等級～Ｌ２等級までの非管理職の間は、生産性に関する「定性的な評価結果」を採用しています。残業時間などの数値指標のほうがより具体的かつ明示的ではありますが、個人単位の場合、数値ベースの〝がちがち〟な要件にしてしまうと、かえって運用しづらい恐れがあるからです。なお、生産性に関する定性的な評価項目については、評価制度関連の施策のページで紹介します。

一方、Ｍ１等級以上の管理職については、生産性に関する「数値実績」を昇格要件として取り入れています。ただし、この事例では、１人当たりの売上高や付加価値高といったダイレクトな生産性指標ではなく、管轄組織において部下の残業時間に大きな格差がなかったか、といった間接的な生産性指標を昇格要件としています。これは、〝仕事の割り振りが特定の社員に偏ってしまう〟と、組織としての生産性を下げることにつながってしまうため、その是正を目的としているからです。

⑴等級制度関連① 昇格要件に「生産性実績」を設定

●能力等級制度の下での昇格要件として，等級ごとに一定の「生産性指標の達成レベル」（※現行等級に対する卒業要件）を設定する。
●定量指標と定性指標のいずれを採用するかによって，社員への影響や運用性が変わってくる。

■生産性指標を取り入れた昇格要件一覧表の一例

数値指標（対組織）

昇格区分（能力等級）	一次要件（選出要件）				二次要件（判定要件）	
	最短在級年数	人事評価履歴	生産性実績 ＊1	研修受講歴	筆記試験	面接
M2⇒M3	4年	直近3回A以上	所管**部**内の残業時間の乖離が，最大÷最小で1.5倍以内	幹部候補研修	課題論文	社長面接
M1⇒M2	4年	直近3回A以上	所管**課**内の残業時間の乖離が，最大÷最小で1.5倍以内	部長候補研修	課題論文	人事担当役員面接
L2⇒M1	4年	直近2回A以上かつ直近3回B以上	所管**係**内の残業時間の乖離が，最大÷最小で1.5倍以内	課長候補研修	マネジメント知識	人事担当役員面接
L1⇒L2	4年	直近2回A以上かつ直近3回B以上	生産性評価項目（4項目）でいずれもA評価以上	係長候補研修	計数知識	人事部長面接
J3⇒L1	4年	直近2回A以上かつ直近3回B以上	生産性評価項目（4項目）でいずれもA評価以上	主任候補研修	労務知識	人事部長面接
J2⇒J3	3年	直近1回A以上	生産性評価項目（3項目）でいずれもA評価以上	－	業界知識	人事課長面接
J1⇒J2	2年	直近1回A以上	生産性評価項目（3項目）でいずれもB評価以上	－	業界知識	人事課長面接

定性指標（対個人）

＊1：M1等級以上の「生産性実績」は，管理・監督職として自ら管掌している部下のうち，「最大の残業時間（年間）」を「最小の残業時間（年間）」で割ることにより，乖離度合いを算出。

2-1 職務範囲の明確化につながる「職務等級制度と職務記述書」の導入

続いて、等級制度関連の生産性向上施策の2つ目として、「職務等級制度の採用」を紹介します。等級ランクの種類として「職務」を採用し、職務（仕事）のレベルによって社員の格付けを行うのが、この職務等級制度になります。これまでの日本企業では、職能資格制度という能力等級制度が主でしたが、近年では仕事主義の一環として、この職務等級制度や、役割を軸にした役割等級制度（後述）の採用も浸透しつつります。

職務等級制度を導入し運用していくためには、職務が等級ランク決定の軸になるため、社員1人ひとりがどのような仕事に携わっているのかを明確化することが必須作業になります。すなわち、職務ごとにその範囲や具体的な内容、責務・権限、期待成果などを整理し明文化するということです。その上で、それぞれの職務の〝価値〟を職務評価と呼ばれる方法によって算出し、その結果に基づき職務と等級ランクを対応付けることになります。したがって、能力や年功といった属人的要素は関係なく、より難易度の高い職務、より価値の高い職務に従事する社員ほど、等級ランクも高くなります。

左のページには、中堅クラスのスーパーマーケットで職務等級を採用した事例を掲載しています。職務等級制度の下では、1人ひとり（1つひとつ）の職務ごとに、その職務価値に基づいて等級ランクを決定することになるため、例えば同じ「部長職」であっても、部署によって等級ランクが異なっています。さらには、同じ人事関連の実務担当者であっても、「採用担当（C2等級）」のほうが「給与・勤怠担当（C1等級）」より等級ランクが上位になっており、これは採用実務のほうが職務の難易度が高いことよるものです。

この職務等級制度を採用することによって、生産性向上の観点からどのような効果があるのでしょうか。最も大きなメリットは、仕事の定義や範囲が明確になるという点です。多くの日本企業では、仕事の定義・範囲があいまいであるという点が、生産性を低下させている大きな理由の1つですが、職務等級制度を導入することにより、その是正につながっていきます。

⑴等級制度関連② 「職務等級制度」と「職務記述書」の導入

●等級ランクの区分は，「職務の価値（金銭的価値／定性的価値／ボリューム／困難度など）」に基づいて設定。したがって，1人ひとりの社員が担当している職務の価値を評価（＝職務評価）し，その結果に基づいて等級ランクを決定することになる。

■職務等級制度を採用した事例（業種：スーパーマーケット）

※下表では，一部の職務のみ掲載。

職群	職務等級	ストア職群		商品・企画職群		コーポレート職群	
		マネジメント系	専門系	マネジメント系	専門系	マネジメント系	専門系
シニア	S7	店舗本部長					
	S6	第1エリア部長		商品本部長		管理本部長	
	S5	第2エリア部長		商品部長		経理部長	
	S4	【大型店】店長				総務・人事部長	
	S3			第1商品課長		経理課長	
	S2	【中型店】店長		第2商品課長	●■MD担当	人事課長	経営企画担当
	S1	【小型店】店長			■□MD担当	総務課長	人材企画担当
中級スタッフ	C8	【大型店】副店長	第1エリア主任SV	第1商品課係長	○○企画主任		
	C7	【中型店】副店長	第2エリア主任SV	第2商品課係長	●●主任バイヤー	経理係長，総務係長	
	C6			■■主任バイヤー，□□企画主任		人事係長	経営企画担当補佐
	C5	【大型店】カテゴリ長	第1エリアSV	▲▲主任バイヤー			人材企画担当補佐
	C4		第2エリアSV	○○企画担当		管理会計担当主任，採用担当主任	
	C3	【中型店】カテゴリ長		●●担当バイヤー，□□企画担当		月次・決算担当主任，給与・勤怠担当主任	
	C2	【小型店】カテゴリ長	熟練担当（鮮魚）	■■担当バイヤー		管理会計担当，採用担当	
	C1		熟練担当（精肉）	▲▲担当バイヤー		月次・決算担当，給与・勤怠担当	
スタッフ	T3	スタッフⅢ		アシスタントバイヤー		コーポレートスタッフ	
	T2	スタッフⅡ					
	T1	スタッフⅠ					

✓スタッフクラスの等級ランクは，職務別というより「役割別」の観点で設定。

2-2 職務範囲の明確化につながる「職務等級制度と職務記述書」の導入（続き）

前ページの補足として、このページでは「職務記述書」のひな形を紹介・説明します。職務記述書というのは、1人ひとりが担当している職務ごとに、その内容や範囲、職務・権限などを具体的に洗い出した上で、明文的に文書化した資料になります。職務等級制度の導入を生産性向上につなげていくためには、この職務記述書をしっかりと作成することが大前提になります。

左のページには、職務記述書の体裁・構成の一例を掲載しています。記述書の右上にあるボックスは、いわゆる「管理スパン」を記載する部分であり、組織運営上の主要な権限範囲を記載する箇所になります。具体的には、「部下の人数」や「決裁権限の範囲」などです。これらは職務の〝大きさ〟を数値で表すことができる観点であり、また、管理職にとって管理対象範囲は職務価値を算定する上での重要な要素になるため、必須の記載項目です。

記述書の下側のボックスは、具体的な「業務内容」や「業務責任」を記載する箇所です。分かりやすい記述書とするため、仕事の内容をまとめて書くのではなく、いくつかの項目（概要、成果と責任、業務関係者とのやり取り…）で記載できるようにしています。なお、実際に職務記述書を作成する段階では、それぞれの職務について、当該職務を構成する複数の「課業（タスク）」ごとに記述を行います。その際、課業をどこまで洗い出すのかということですが、主要もしくは重要な課業を10個程度洗い出すことでよいかと思います。

「ウェイト」とは、それぞれの課業が職務全体に占める割合を指しています。記述書に記載した課業の全体を100％とした上で、各課業のウェイトを設定します。ウェイトの判定軸は、業務遂行に必要な時間（業務量）や組織運営上での重要性などになります。

職務記述書の作成には、時間と手間がかかります。また、一度作成すればよいというものではなく、環境変化を踏まえながら、定期的に内容を見直したり、新たな職務を追加したりということが必要です。作成・運用の手間はかかりますが、業務改革／改善につなげていくこともできるため、実施の意義は高いと言えます。

(1)等級制度関連② 「職務等級制度」と「職務記述書」の導入（続き）

- 「職務記述書」とは，１つひとつの職務について「どのような仕事内容／レベルか？」を具体的に明文化・文書化したもの。
- 職務等級制度を導入する場合には，この職務記述書に基づいて社員１人ひとりの職務等級ランクを決定することになる。

■職務等級の判定のベースとなる「職務記述書」の構成イメージ

職種	
職務名称	
同一職務への従事者数	
標準的な必要経験年数	

部下の人数		権限の範囲	
●●正社員	非正規社員	決裁上限金額	その他承認権限

・法律上の管理監督者か否かに関係なく，担当職務を遂行する際の管理スパンや認められている権限を記載する。

	職務の概要（※課業別）	ウェイト	期待成果と自らの責任	業務関係者とやり取りの内容	問題発生の種類と自らの責任
①	・対象となる職務について，職務を構成している様々な業務（課業・タスク）の中から，主たる業務となる部分をピックアップし，「どのような仕事を遂行するのか」という観点で記載を行う（※成果ではないので，行動がベース）。 ・同一職務の従事者が複数名いる場合は，共通部分での職務内容を記載する（※具体的な商品名や顧客名などは除くなど）。 ・ウェイトは，職務を構成する個々の業務の合計を100％とし，１つひとつの業務が職務に占める割合（時間的又は重要性）を設定する。		・左記の職務を通じて，標準的に期待される最終的な仕事の成果（結果）を記載。 ・また，当該成果に対する責任の度合いについても記載。	・社内および社外における主たる業務の相手先の職位，やり取りの内容を記載。	・職務を通じて発生が想定されるトラブルや問題の内容／程度を記載。 ・また，問題発生時の責任の度合いについても記載。
②					
③					
④					
⋮					

➡ **社員が担当している職務ごとに具体的な「職務記述書」を作成することで，“付加価値の低い職務”や“重複した職務”の低減につなげていく**

3 役割の大きさに基づき生産性に見合った処遇を行う「役割等級制度」の導入

等級制度関連の3つ目の生産性向上施策は、「役割等級制度の採用」です。この役割等級についても、先ほどの職務等級と同様に仕事主義の考え方に基づく仕組みになります。社員の能力や経験値といった属人的な要素ではなく、組織運営や事業運営において実際にどのような「役割」を担っているのかによって、社員の等級ランクを決定します。

「職務」と「役割」の違いですが、一般的には、職務を大くくりしたものを役割、として捉えるケースが多いようです。したがって、先ほどの職務等級制度とは異なり、この役割等級制度の場合には、細かい職務分析や職務評価まで行う必要はなく、また一般的には職務記述書も作成しません。職務等級制度よりも導入しやすいため、日本企業では圧倒的にこちらのほうが採用割合が高くなっています。

日本企業でよく採用されている役割等級制度としては、「役職=役割」として等級ランクを決定する仕組みです。例えば、左のページに掲載したシステム開発業の事例の場合、「部長職であれば（部署に関係なく）K3等級」、「チームリーダーであれば（部署に関係なく）T2等級」になります。なお、役職が伴わない下位の階層については、担当する仕事のレベルで役割等級を区分をしています。技術職であれば、設計やプログラミングの工程を広く担当する「一般3のF3等級」、プログラミングや単体テストをメインに担当する「一般2のF2等級」、基本的なコーディングのみ担当する「一般1のF1等級」といった具合いです。

役割等級制度の下では、役割の内容やレベルが上がらない限り、等級ランクもアップしません。すなわち、所定の労働時間の中で、同じような付加価値しか出していないと、上位の役割が与えられる可能性は低くなります。さらには、パフォーマンスが低下すれば、より低位の役割、すなわち下位の等級にダウンすることもあり得ます。そのような仕組みを取り入れることにより、社員に対して付加価値向上（=生産性向上）への取り組みを間接的に促す効果が期待できます。

(1)等級制度関連③　「役割等級制度」の導入

- ●実際に担っている役割レベルで等級・賃金を決定することにより，生産性に応じた処遇を実現。
- ●役割レベルが上がらない（＝生産性が上がらない）社員の処遇を抑えることにつながるため，社員に対して付加価値向上への取り組みを間接的に促す。

■役割等級制度を採用した事例（業種：システム開発業）

管理職コース

職位（役職）	役割等級	技術部門（技術職）	営業部門（営業職）	事務部門（事務職）
部長クラス	K 3等級	技術部長	営業部長	管理部長
副部長クラス	K 2等級	技術副部長	営業副部長	管理副部長
課長クラス	K 1等級	技術課長	営業課長	管理課長
課長代理クラス	T 3等級	技術課長代理	営業課長代理	管理課長代理
チームリーダー（TL）	T 2等級	技術TL	営業TL	事務TL
チームリーダー補	T 1等級	技術TL補	営業TL補	事務TL補
一般3（広範業務）	F 3等級	技術一般3	営業一般3	事務一般3
一般2（基本業務）	F 2等級	技術一般2	営業一般2	事務一般2
一般1（基礎業務）	F 1等級	技術一般1	営業一般1	事務一般1

専門職コース

役割等級	技術部門（技術職）	営業部門（営業職）
P 2等級	主席エンジニア	
P 1等級	上席エンジニア	マネージャー

専門職へ

- ●「役割等級」であるため，上位等級に昇格するには，上位の職位（役職）に昇進することが条件となる。
- ●専門職についても，職種ごとにP2等級とP1等級に求める具体的な役割内容を定義している。

4 適性／志向に応じた生産的な働き方を促す「複線型キャリアパス」の導入

このページでは、等級ランクをコース別に設定すること、すなわち複線化することを通じて、社員の生産性を向上させていくという考え方・方法を紹介します。等級制度関連の4つ目の生産性向上施策になります。

どのような会社にも、組織の管理・運営や部下の指導・育成といったいわゆるマネジメント業務が得意な社員（≒好きな社員）と、その逆の不得意な社員（≒嫌いな社員）という2つのタイプの社員がいるのではないでしょうか。かつての高度成長期やバルブ経済期の頃には、出世意欲の強い前者の社員のほうが多く、逆に昨今の成熟経済下においては後者の社員のほうが多い、と言われています。実際、コンサルティング業務で顧客企業の経営者と話をしていても、マネジメントをしたくない社員が増えて困っているといった声を最近よく耳にします。

単にマネジメントをしたくない、マネジメントが苦手であるといった社員については、役割等級であろうが能力等級であろうが、等級ランクはある程度のところで頭打ちにすることが必要です。年齢を重ねても同じパフォーマンスしか出せない社員については、人件費適正化の観点からも、またハイパフォーマのモチベーション維持の観点からも、相応の処遇にとどめておくべきでしょう。一方で、マネジメント業務は不得意・好まないものの、担当業務に深く精通し、高い専門性を発揮することで組織に貢献している社員も存在します。そのような社員、すなわち高度専門社員をマネジメント職に不適という理由だけで低い職位にとどめておくのではなく、専門職として相応の処遇をすることにより、当該社員に意欲的に働いてもらうことが可能となります。

左のページでは、中堅クラス以上の等級ランクを「マネジメントコース」と「スペシャリストコース（専門職）」に複線化した事例を掲載しています。社員の適性や志向、強みを活かせるようなキャリアパスを設定することにより、それぞれの能力や意欲をより高いレベルで引き出すことが期待できます。それは、より生産性の高い働き方を多くの社員に期待することができる、と言い換えることもできます。

(1)等級制度関連④　「複線型キャリアパス」の導入

●管理職クラスまたは中堅層以上において，人事制度上のキャリアパス（等級ランク，処遇水準など）を「マネジメント系」と「専門職系」に複線化する。
●社員の適性や志向に合ったキャリアステップを用意することで，生産性の向上につなげていく。

■複線型キャリアパス（等級ランク）のイメージ

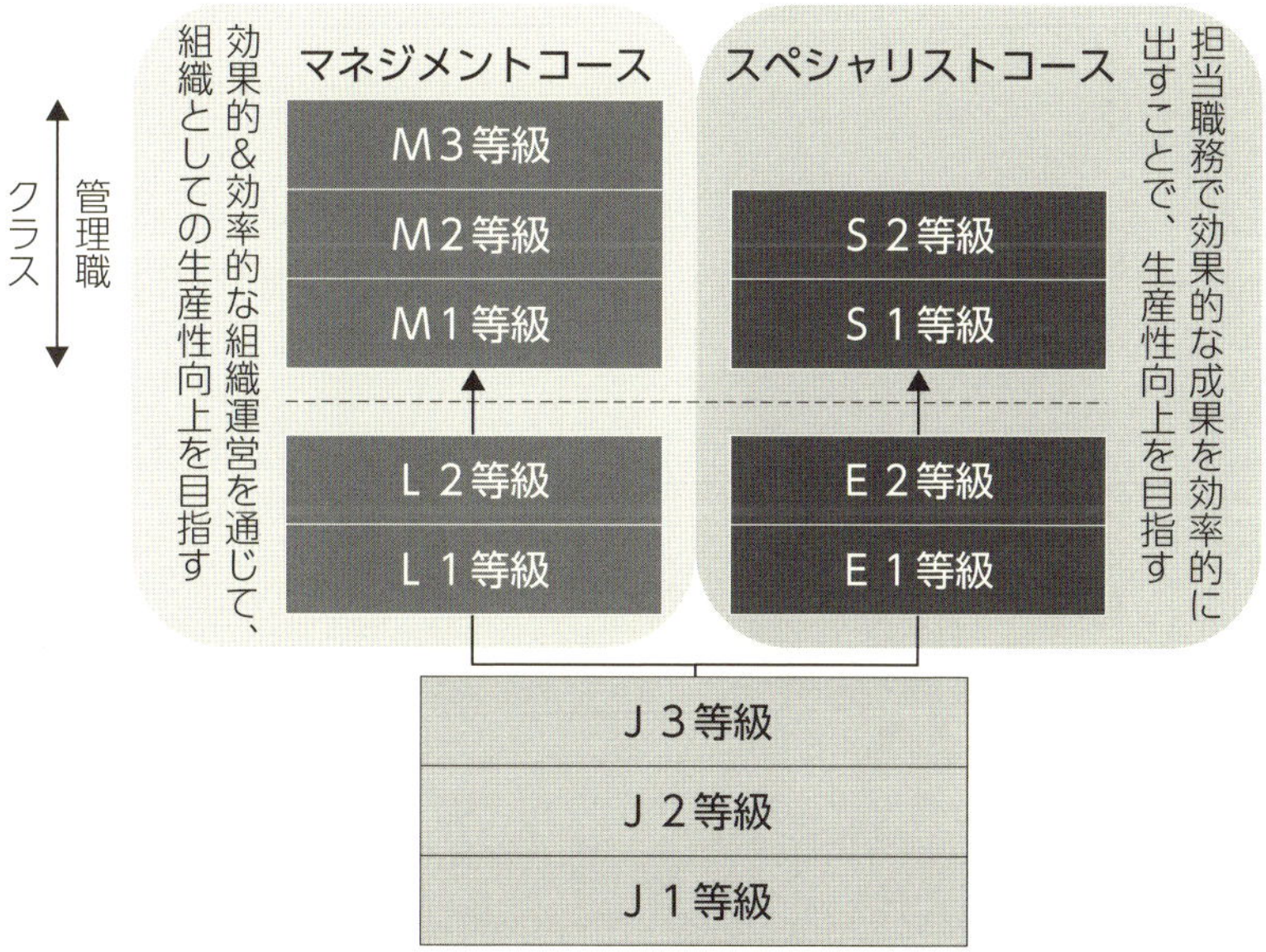

	マネジメントコース	スペシャリストコース（専門職）
コース定義	•組織運営上の役職者としてマネジメント中心の役割を担う	•所属組織において、熟練性や専門性を活かした職務に従事する
育成・指導責任	•部下を成長させる責任を負う（※特にM等級）	•下位者への業務上の指導責任は負う
生産性向上責任	•管轄組織を単位とした生産性向上	•個人の担当職務を単位とした生産性向上
処遇水準	•スペシャリストコースよりも相対的に高い	•マネジメントコースよりも相対的に低い

5 組織活性化を通じて生産性向上を実現させる「役職任期制」の導入

人事制度の1つである等級制度に関連した生産向上施策について、最後の5つ目は「役職任期制の導入」を紹介します。役職に関する施策になりますので、社員の格付けに関する仕組みである等級制度からは少し逸れますが、役職も等級も階層区分という意味では同じですので、等級制度の一環として解説します。

「役職任期制」というのは、組織上の役職（ポスト）の在任期間に一定の上限を設ける仕組みです。例えば「部長職であれば最大で10年間」という上限を設定した場合、その期間内に後任に部長職を引き継ぐことが必要になります。類似の仕組みとして「役職定年制」というものがあり、こちらは〝期間〟ではなく〝年齢〟で上限を設定します。例えば、「部長職は55歳まで」といった具合いです。おそらく、こちらほうがご存知の方も多いのではないでしょうか。実際、役職定年制のほうが任期制よりも導入割合は高いと推察されます。

今回、生産性向上施策として紹介するのは、広く浸透している役職定年制ではなく、この「役職任期制」です。これは、年齢ではなく期間で制限を設けることにより、役職者の属人的な要素（年齢）にかかわらず、公平的かつ定期的に役職者の入れ換えを行うことを通じて、組織の活性化につなげていくことを目的とするためです。

ビジネスにおける環境変化のスピードが継続的に早くなっていることは、周知のとおりです。このような状況下では、過去の成功ビジネスに長く執着し続けるのではなく、当該ビジネスで利益が出ている間に新しいビジネスへの展開準備を進めることが必要です。それを人の側面から推し進めていくために、定期的に組織の長を入れ替えた上で、新しいリーダーやマネージャーに既存の手法や枠組みにとらわれない新しい挑戦をしてもらうというのが、役職任期制の趣旨になります。

生産性の観点で言えば、世の中のニーズが短期間で移り変わっていく中で、継続的に生産性の維持・向上を実現させるためには、新たな付加価値を創出するための取り組みが必要です。それを後押しする仕組みの1つが、この「役職任期制」になります。

⑴等級制度関連⑤ 「役職任期制」の導入

●役職の在任期間に一定の制限を設けることで，定期的に役職者の入れ替えを行い，組織の活性化とその結果としての生産性向上を実現させる。

●役職任期の設定だけでなく，後継者育成に関する計画的な取り組みも必要不可欠。

■生産性向上の観点での“役職者入れ替え”の必要性

役職者の入れ換えが硬直的

✓旧態依然のビジネスモデルによる付加価値の逓減
✓旧態依然の業務遂行方法による効率性の未改善
✓昇進機会が訪れないことによる中堅社員のモチベーション低下

→ 中長期的な生産性の低下

定期的に役職者を入れ替え

●新しいビジネスモデルへのチャレンジを促す
●業務遂行方法の抜本的改革への取り組みを促す
●昇進による中堅社員のモチベーションの向上

→ 持続的な生産性の維持・向上

■「役職任期制」の制度概要

在任上限期間	▶役職ごとに在任期間の上限期間を設定。 （例）部長　10年間 　　　課長　7年間
役職“定年”制との違い（メリット）	▶若い年齢で登用された社員であっても，一定期間で入れ換えの対象とできる。 ▶年齢に関係なく，パフォーマンスに応じた処遇が可能となる。

【役職任期制の導入・運用ポイント】

■現役職者の後継者については，計画的な育成を行う（→現役職者に対してその責任を負わせる）
■安易な“例外的取り扱い”を認めない
■役職任期制の下で役職を降りる社員に対して，役職経験者として相応しい役割と処遇を設定しておく

6 成長と生産性の両立のため、「アウトプット」と「効率性」の2軸で評価

人事制度関連の生産性向上施策のうち、次に取り上げるのは「⑵評価制度関連」になります。前ページまでの等級制度の場合には、生産性向上に対して間接的にアプローチする取り組みが多かったのですが、ここから取り上げる評価制度関連や、その次に取り上げる賃金制度関連については、より直接的な施策が多くなります。

評価制度関連の生産性向上施策として最初に取り上げるのは、「アウトプットと効率性の2軸で成果を評価する」という仕組みです。これは、具体策というより、生産性を考慮した評価制度を設計する場合の基本的な考え方、という意味合いのほうが強いかもしれません。

多くの企業では、社員を評価する際の大きな観点（評価対象）として、仕事の結果を評価する「成果（業績）」評価と、そこに至るまでの過程や必要要素を評価する「プロセス」評価の2種類を採用しています。このうち、前者の「成果評価」については、量的な観点（営業職の一例：受注金額、粗利益、提案件数）や質的な観点（事務職の一例：職務範囲、職務品質、企画数）で具体的な評価項目・指標を設定するケースが多いのではないでしょうか。もちろん、社員の成果を測る上で量的・質的な観点は必要不可欠です。しかしながら、当該観点だけを重視した成果評価にしてしまうと、「時間がかかってでも量を増やし、質を高める」といった考え方に社員が陥ってしまいます。その場合、仮に目標とする量や質を実現できたとしても、そのために多くの人や労働時間を投入したため、労働生産性は非常に悪かった、といった結果に陥りかねません。このような結果を回避するには、成果評価の観点として「効率性（生産性）」も併せて採用することが必要です。すなわち、単に量や質の向上だけを目指すのではなく、効率性も意識しながら業務に取り組むことを社員に促すことになります。

働き方改革を進めていながら、一方でこれまでと同様に量・質だけを重視した成果を社員に求めている企業というのは、実はまだまだ多いのではないでしょうか。その場合、働き方改革への各種取り組みが〝なおざり〟になってしまう恐れがあります。

⑵評価制度関連①　「アウトプット」と「効率性」の２軸評価

●人事評価における「成果評価（業績評価）」において，量的・質的な観点だけでなく「効率性（生産性）」に関する評価項目も併せて採用する。
●いずれかのみだと，「生産性を上げながら会社の成長を実現させる」ための動機づけが弱くなる。

■成果評価における「アウトプット」と「効率性」の関係性

※特にホワイトカラーの場合

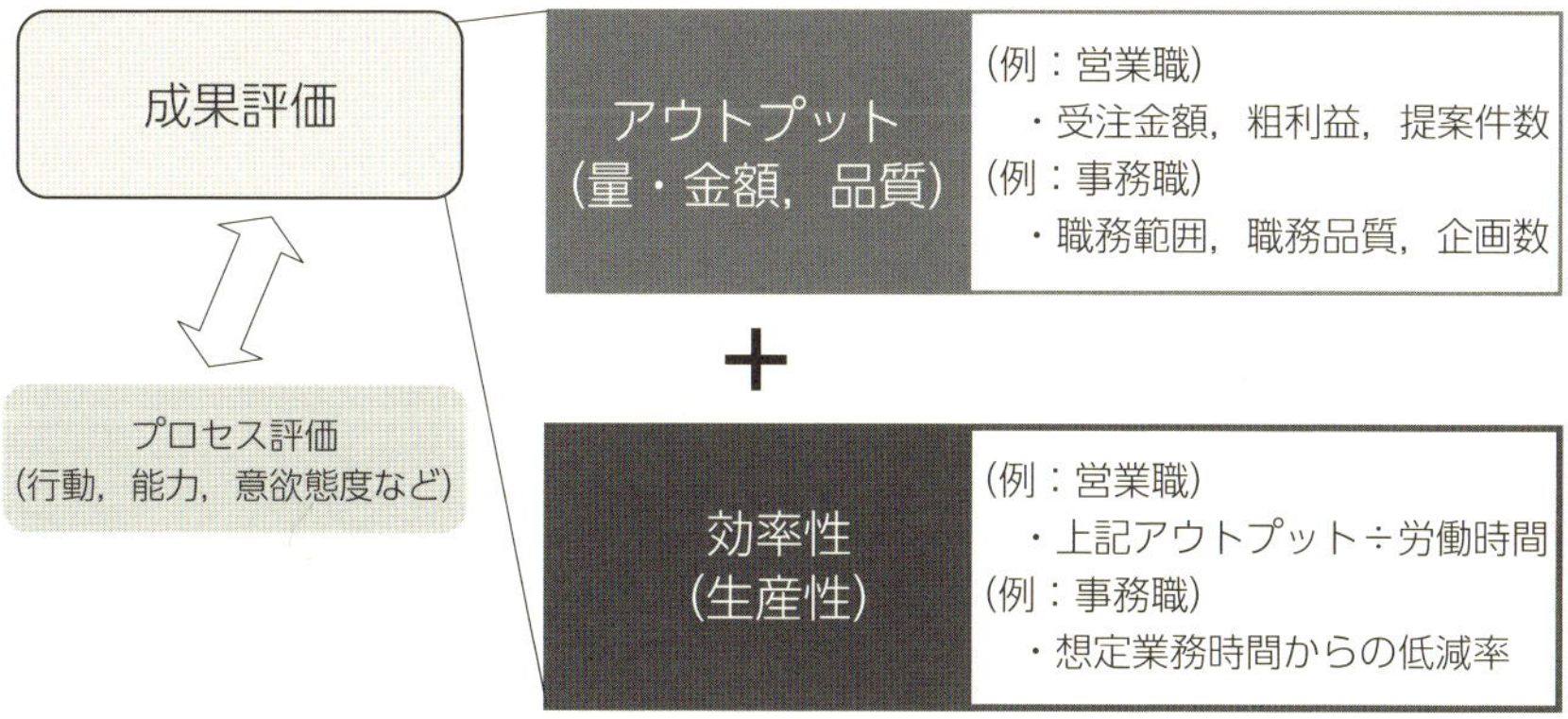

▶「アウトプット」のみの成果評価だと，“時間をかけて量や質を高める”という意識から社員が脱却できない
▶「効率性」のみの成果評価だと，生産性はアップしても全体としての量・金額や品質が下がる可能性がある

7 社員の生産性／能率性に対する定性的な人事評価の実施

評価制度関連の2つ目の生産性向上施策は、人事評価の項目の中に、社員1人ひとりの生産性や能率性を定性的に評価する項目を取り入れる方法です。人事制度関連の生産性向上施策の中では、最もシンプルでかつ実施しやすい取り組みと言えます。

社員の生産性や能率性を評価する視点というのは、実は複数あります。左のページに掲載した項目例であれば、最も分かりやすいのは「作業スピード」といった時間当たりの仕事の速さを評価する項目になりますが、それ以外の「スケジューリング」や「優先順位づけ」などの評価項目も、それがしっかりとできているかどうかは、仕事の効率性に大きな影響を及ぼすことになります。生産性向上を狙って採用したわけではない評価項目でも、実は間接的につながっている場合があるということです。

一番下の「作業効率に関する後輩指導」という評価項目は、中堅クラス以上の社員を対象にしたものです。当該クラスの社員については、単に自分の仕事を効率的に進めるだけでなく、部下や後輩に対しても効率的な仕事が実現されるように指導や支援を行うことが求められます。したがって、その視点での評価も実施すべきです。

太線で囲っている「品質バランス」ですが、これについては評価項目として採用している企業は少ないかもしれません。単に品質向上への取り組みを評価するのではなく、「過剰な品質を追求しすぎない」という視点も含めた評価項目になります。例えば、付加価値向上に効果がないにもかかわらず資料の細部や体裁に必要以上にこだわる、といった部分の是正を促す効果が期待できます。

なお、社員（特に非管理職）の生産性や能率性を〝個人単位〟で評価する場合は、具体的な数値指標、例えば1人当たりの売上高や残業時間といったダイレクトな数値評価ではなく、定性的な評価項目・指標のほうが運用しやすいでしょう。その理由は、等級制度の「昇格要件」のページで説明したとおりです。

評価項目に生産性や能率性の視点を取り入れることを通じて、無駄な業務や労働時間を減らすための〝意識〟を社員に持ってもらうのが、この施策の目的になります。

⑵評価制度関連② 「生産性」と「能率性」の定性的評価

●人事評価項目（能力評価項目，情意評価項目）として，社員１人ひとりの生産性や能率性を評価する観点を採用する。
●処遇への反映有無や反映度合いによって，意識面での効果が変わってくる。

■生産性／能率性に関する「定性的」な人事評価項目の一例

スケジューリング	•所属するプロジェクト全体の作業工程をしっかりと理解した上で，担当業務の作業計画を自ら立案すると同時に，当該計画に沿った業務遂行を実践していたか。
作業スピード	•スキルの向上や業務への集中力を高めることにより，時間当たりの作業スピードを少しでも速くすることに努めていたか。
優先順位づけ	•作業計画や今後の業務計画を十分に理解し，最適な作業の優先づけを行った上で業務に取り組んでいたか。
品質バランス	•期待される品質／正確性は維持した上で，一方で過剰な品質や正確性を追求しすぎるような姿勢は見られなかったか。
作業時間に対する意識	•所定労働時間内で担当業務を終了させることを日々意識し，無駄に残業するような姿勢は見られなかったか。
作業効率に関する後輩指導	•自らの業務を効率的／能率的に進めるだけでなく，後輩のメンバーに対しても，作業の効率化や能率アップに向けて具体的な指導／支援を行っていたか。

8 チームの生産性に対する人事評価の実施

前ページでは、個人の生産性や能率性を評価する際の項目例を紹介しましたが、このページでは「組織としての生産性」を評価するための項目について解説します。

組織に対する評価の場合、具体的にどのような評価項目を採用するのかと併せて、評価対象とする「組織（チーム）」をどのような基準で設定するのかについても、検討が必要です。これについては、まずは評価対象を「社内組織」とするのか「社外組織」とするのかを決定した上で、さらにどの単位で組織を区切るのかを検討することになります。いずれの区切り方が良いということではなく、会社としてどの組織単位／チーム単位で生産性向上の成果を測定したいのか、また測定できるのかによって決まってきます。

具体的な評価項目ですが、大別すると、数値面でダイレクトに評価する「定量評価項目」と、数値以外の側面で総合的な評価を行う「定性評価項目」に区分することができます。まず「定量評価項目」についてですが、左のページに掲載しているように、残業時間そのものにフォーカスした評価項目と、1人当たりや1時間当たりの業績数値といった生産性指標にフォーカスした評価項目の2種類があります。

一方の「定性評価項目」については、組織やチームの中で生産性や効率性の向上につながるような行動・取り組みができていたかが、評価の視点になります。具体的には、バランスよく仕事の割り振りができていたかどうか（＝「最適な業務分担」）や、メンバー間で生産性向上につながるような支援ができていたか（＝「他者支援」）、といった評価項目です。

組織単位で生産性の評価を行う場合も、先ほどの個人単位での評価の場合と同様に、無駄な業務や労働時間を減らすための〝意識〟を社員に持ってもらうことが、施策の目的・期待効果になります。加えて、社員1人ひとりが「自分が非効率な働き方をすると、他のメンバーの評価にも悪影響を及ぼしてしまう」といった考えに至ることも想定されるため、より一層、生産性向上への意識を高めることが期待されます。

⑵評価制度関連③　「組織生産性」の評価

●前ページの事例とは異なり，社内組織（や社外組織）などのチーム単位で生産性を評価する人事評価項目を採用する。
●個人単位とは異なり，周囲との兼ね合いで生産性向上への意識を高める効果が期待できる。

■チーム単位での生産性評価項目の一例

区分	項目	内容
定量評価項目	総残業時間（平均残業時間）	・チーム内の一定期間内の総残業時間（もしくは，１人当たりの平均残業時間）
定量評価項目	残業時間のばらつき	・チーム内の１人当たり平均残業時間に対する，メンバー１人ひとりの残業時間の乖離度合い
定量評価項目	１人当たり業績数値	・チーム内の１人当たりの平均業績数値（売上高，付加価値高，管理利益など）
定量評価項目	１時間当たり業績数値	・チーム内の１時間当たりの平均業績数値（売上高，付加価値高，管理利益など）
定性評価項目	最適な業務分担	・チーム内での業務の割り振りについては，メンバーの能力／経験等を踏まえた上で，効率性を重視した配分が行われていた。
定性評価項目	最適な業務フロー	・チーム内において，業務全体として高い効率性が担保される工程の設定が行われていた。また，無駄な工程や重複工程は取り除かれていた。
定性評価項目	他者支援	・チーム内において，業務の繁閑状況に応じてタイミングよく他者の業務サポートが行われていた。
定性評価項目	情報共有	・チーム内で共有すべき情報や伝達すべき指示内容等がタイムリーに行われており，無用なタイムロスは発生していなかった。

【「チーム」の定義】
●社内組織単位（係レベル、班レベル、業務単位）
●社外組織単位（顧客単位、ＰＪ単位、案件単位）

9 生産性向上への具体的な取り組みを、目標管理制度を通じて評価に反映

評価制度関連の4つ目の生産性向上施策は、「目標管理制度」を通じて、生産性向上に対する個々人の取り組みを評価する方法です。具体的には、生産性向上を目的とした取り組みを半期または通期の目標として各人が設定し、その達成度合いを評価する仕組みになります。前ページまでに紹介した、あらかじめ生産性に関する評価項目を決定しておく方法よりも、1人ひとりの仕事の実態にあった取り組みを促す効果が期待できます。

実際にどのような目標を社員に設定させ、評価対象とするかですが、大きく分けると3つの目標の観点があります。1つ目は「①業務改善目標」であり、生産性向上に向けて、無駄な業務の削減や効率的な業務プロセスの構築に取り組んでもらうという目標です。

2つ目の「②労働時間短縮目標」は、生産性向上の成果をダイレクトに数値評価する仕組みです。作業時間や残業時間の削減目標を数値で設定し、その達成状況を評価することになります。先ほど、個人単位で生産性を評価する場合、数値評価は避けたほうが良いと述べましたが、目標管理制度の場合は個々人の仕事の状況を踏まえた数値設定が可能であるため、個人ベースでの数値評価も特に問題はないでしょう。

最後の3つ目は「③付加価値向上目標」です。①や②は、どちらかと言うとインプットを低減するための取り組みになりますが、この3つ目の目標は、有価アウトプット、すなわち付加価値向上につながるアウトプットの創出に取り組むという目標設定になります。例えば、具体例に記載しているように、値上げ目標や新たな高付加価値の商品／サービスの開発などが該当します。

なお、社員がこのような目標を設定し、それが達成できた場合、評価の算定や処遇への反映を行うにあたっては、できれば「加点評価」の対象とすることが望ましいでしょう。通常評価の対象にしてしまうと、達成できなかった場合はマイナス評価を行うことになるため、社員が心理的なプレッシャーを感じてしまい、結果的には取り組みへの反発やモチベーションダウンを招く恐れがあるからです。

⑵評価制度関連④　「目標管理制度」を通じた評価

●生産性向上に向けた１人ひとりの取り組みや成果を目標化し，その達成度を評価に反映することで，具体的な取り組みを推進する。
●評価への反映は「加算評価」に限定することで，意欲的／挑戦的な取り組みを促す。

■生産性向上関連の目標設定の観点

設定目標の観点	設定目標の概要
①業務改善目標	▶「無駄な業務の削減」「効率化を目指した業務の再割り振り」「効率的な業務プロセスの構築」など，アウトプットの適正化や労働時間数の削減に向けた取り組みを目標として設定 (例) 人事評価制度の運用について，これまでのエクセルベースからシステム化を図ることにより，運用プロセスを効率化する
②労働時間短縮目標	▶上記①のように，取り組みそのものに主眼を置いた目標を設定するのではなく，当該取り組みの結果として実現すべき労働時間（残業時間）の短縮分を具体的な数値目標として設定 (例)・給与計算業務にかかる毎月の標準作業時間を，10%低減させる ・月平均残業時間を30%削減する
③付加価値向上目標	▶上記①や②とは異なり，１インプット当たりの有価アウトプット（量・額）の増加や，新たな有価アウトプットの創出につながる取り組みを目標として設定 (例)・顧客との交渉を通じて，商品単価の５%値上げを実現する ・より高単価な新サービスを開発する

➡**上記目標を達成した場合は，成果・業績評価で「加算評価」の対象とする**

（※通常評価の対象にしてしまうと，社員に対して業務的／心理的な負荷を与えてしまい，モチベーションダウン等につながる恐れがあるため）

10 〝高生産性社員〟のロールモデル設定、評価項目への落とし込み

評価制度に関連した生産向上施策について、最後の5つ目は「高生産性社員のロールモデルに基づく評価項目の設定」になります。個人もしくは組織を単位とした生産性/能率性の評価項目としては、すでに具体例をいくつか紹介しましたが、いずれも汎用的なものになります。したがって、業種や職種を問わず広く使いやすい評価項目ではあるものの、個別企業ごとの業界特性や業務特性、社員特性に沿った評価の観点ではない可能性も、当然にあります。

このページで紹介する方法では、自社の「高生産性社員」に対する行動分析等を通じて、生産性向上にプラスの影響を与える要因を洗い出し、その結果を評価項目として反映します。したがって、確実に自社の業種特性や業務特性に合った評価項目が設定されることになります。このような方法で抽出・設定された生産性評価項目に基づいて社員を評価することにより、生産性向上に必要とされるより実践的な能力やノウハウ、取り組み姿勢などの育成につなげていくことができます。

左のページでは、評価項目の設定に向けた具体的な実施方法を掲載しています。取り組みに際してまず実施すべきことは、自社における〝高生産性社員〟の特定です。これについては、成果や労働時間といった定量的な指標を軸に対象社員を選定することになります。なお、職種や階層によって求められる生産性の内容や、そこに影響を与える要因は異なるケースが多いため、職種別/階層別にモデル社員をピックアップします。

高生産性社員が特定できれば、当該社員に対して複数の観点でヒアリングを行った後、その結果を整理・分析し、「能力」「知識」「意識」という3つの観点で生産性向上への影響要因を抽出します。この「生産性向上要因」をベースにして、具体的な評価項目や着眼点に落とし込んでいくことになります。

なお、一連の作業によって一通りの評価項目・着眼点が作成できても、すぐに本採用するのではなく、仮評価を通じて有効性や妥当性を確認し、必要な修正・調整を行いながら最終化していくことが望まれます。

⑵評価制度関連⑤　高生産性社員のロールモデル設定

●高い生産性を実現している社員を選定し，当該社員の能力や意識，働き方を分析することで，生産性の向上に影響を与える具体的な要素を洗い出す。
●上記要素を評価項目に反映することで，生産性の向上に向けて，自社の実態に即した育成が可能になる。

■ロールモデルに基づく評価項目の設定プロセス

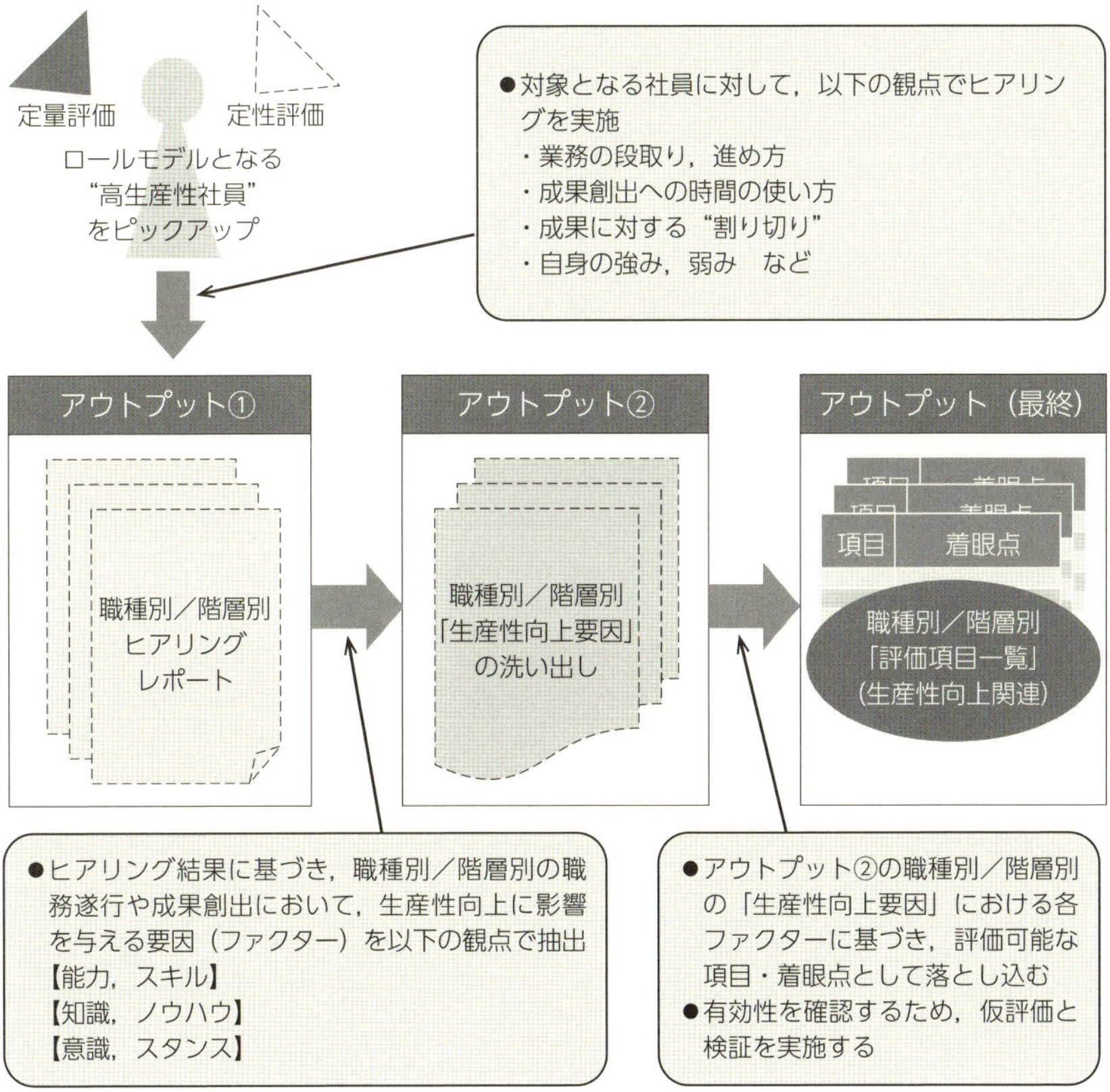
定量評価
定性評価
ロールモデルとなる
“高生産性社員”
をピックアップ
●対象となる社員に対して，以下の観点でヒアリングを実施
・業務の段取り，進め方
・成果創出への時間の使い方
・成果に対する“割り切り”
・自身の強み，弱み　など
アウトプット①
職種別／階層別
ヒアリング
レポート
アウトプット②
職種別／階層別
「生産性向上要因」
の洗い出し
アウトプット（最終）
項目
着眼点
職種別／階層別
「評価項目一覧」
（生産性向上関連）
●ヒアリング結果に基づき，職種別／階層別の職務遂行や成果創出において，生産性向上に影響を与える要因（ファクター）を以下の観点で抽出
【能力，スキル】
【知識，ノウハウ】
【意識，スタンス】
●アウトプット②の職種別／階層別の「生産性向上要因」における各ファクターに基づき，評価可能な項目・着眼点として落とし込む
●有効性を確認するため，仮評価と検証を実施する

11 給与項目の一部として、残業代の定額払いである「定額残業手当」を導入

人事制度関連の生産性向上施策のうち、3つ目は「⑶賃金制度関連」です。まず最初に取り上げる施策は、無駄な残業時間の削減に〝意識的に〟取り組むよう、社員を動機づける仕組みです。具体的には、一定時間分の残業代（割増賃金）をあらかじめ定額の手当として支払う「定額残業手当」になります。一般的には、「固定残業手当」や「みなし手当」と呼ばれることもあります。

定額残業手当の仕組みは、特に営業社員を中心に導入している会社は以前から多くありましたが、残業時間の削減を目的としているケースはほとんどありませんでした。しかしながら最近では、この定額残業手当を残業時間の削減や効率的な業務推進への意識を高める手段として導入する企業が増えています。直近で言うと、大手自動車メーカーがこの仕組みを導入し大きな話題となりました。具体的には、係長クラスの社員に対して45時間分の定額残業手当をあらかじめ支払うこととしています。

この定額残業手当ですが、実際の残業時間があらかじめ設定した想定残業時間を超えた場合には、超過時間分に対する残業代を別途支払うことが必要です。例えば、30時間分の定額残業手当を支給している場合、実際の残業時間が40時間となった月については、超過した10時間分を別途支払うことになります。したがって、基本的に会社としては〝過払い〟になります。実際の残業時間が想定時間に満たなくても固定額は支払うものの、逆に超過すれば差額を支払うことになるからです。

それでも、この定額残業手当の制度を「残業時間の削減」を目的として導入する会社が増えているのは、「残業せずに早く仕事を切り上げたほうが得」という方向に社員の〝意識〟を変化させることが期待できるからです。例えば、「30時間分の手当は確実にもらえるので、できるだけ残業せずに帰れば得になる」といった意識を社員に持ってもらうことが、この施策の期待効果になります。

長時間労働を是正するための一手段として広まりつつある定額残業手当ですが、左のページに記載したように、デメリットや法的な留意点もありますので、導入に際しては十分な検討・調査を行うことが必要です。

⑶賃金制度関連① 「定額残業手当」の導入

●一定時間相当分の割増賃金を，あらかじめ給与として支給する仕組み。裁量労働制の下での手当ではないため，手当超過分の支払いは必須。
●別途，研修等で生産性向上の意識づけを行わないと，無用な残業を招く恐れもあるので注意が必要。

■定額残業手当に関する法的要件とメリット／デメリット

【定額残業手当（みなし残業手当）が法的に許容されるための最低要件（＊1）】

⑴ **当該手当が割増賃金としての性格を有していることを明示すること**
✓具体的には，就業規則（賃金規程）において，定額残業手当が割増賃金であることを明記することが必要。

⑵ **割増賃金相当部分とそれ以外の部分が明確に区分されていること**
✓手当の中に，通常賃金に対応する部分と割増賃金に対応する部分の双方が含まれる場合には，両者の区分が明確になっていることが必要。
✓例えば，役職手当に一定の残業代が含まれているとする場合には，役職手当の金額のうち割増賃金に相当する部分または割増賃金相当部分を区別する基準を明らかにしておかなければならない。

⑶ **実際の残業時間に基づく割増賃金が当該手当を超える場合は，その超過額を別途支払うこと**
✓例えば，定額残業手当が３万円で実際の割増賃金が４万円の場合は，別途１万円の支払が必要になる。

メリット

① 実際の残業時間に基づく残業代が手当額を下回っている場合でも，当該手当額は社員に支払われるため，“早く仕事を切り上げたほうが得”という方向に社員の意識が変化することが期待できる。(⇒業務効率性の向上や“生活残業”の削減が期待できる)
② 裁量労働制とは異なり，仕事に対する裁量権がない社員に対しても当該制度を適用することが可能である。
③ 裁量労働制とは異なり，会社や上司が対象者に対して「仕事の進め方や時間配分」の具体的指示をすることが可能である。

デメリット（注意点）

① 左記メリットに掲示しているように，意識面での社員の変化は期待できるものの，実際の効果は未知数な部分がある。
② 実際の残業時間に基づく残業代が手当額を超えた場合は，超過額を別途支給することが必要。
③ 当該制度の趣旨が社員に浸透しないと，「手当分の時間までは残業してもよい／しなければならない」という逆効果になる恐れがある。
④ 近年では，定額残業手当に対する法的判断がより厳格化される流れにあるため，会社側が想定外のリスクを負う恐れがある。

＊１：ただし，近年では定額残業手当に対する法的判断がより厳格化される流れにあるため，導入にあたっては十分な調査／検討が必要。上記要件だけでは割増賃金として認められない恐れもあり。

12 会社／組織の生産性指標に基づくインセンティブ給与の設定

次に、「賃金制度」に関する2つ目の生産性向上施策を紹介します。具体的には、会社や部署の生産性の実績に、給与の一部を連動させる仕組みになります。すなわち、会社や部署の生産性がアップすれば、それに応じて給与の一部もアップするインセンティブの仕組みです。

左のページの事例では、給与の一部として「組織業績給」という手当を導入しています。個人の評価や業績で決定されるのではなく、所属組織（この事例では所属課）の年度ごとの業績に応じて、支給額が変動する仕組みになります。なお、組織業績を判定する基準は2つあり、1つは所属している課全体の「売上高」です。したがって、課全体の売上高の実績に応じて「組織業績給①」の金額が決まります。当然ですが、売上高が高いほど、組織業績給①はアップすることになります。

ただ、この組織業績給①だけだと、極端な話、人を増やして売上高を増加させる方法でも手当が増えてしまいます。その場合、売上高は増えても利益は増えていない可能性がありります。すなわち、生産性は変わっていない、もしくは下がった可能性もあるということです。したがって、この事例では、組織業績に対するもう1つの評価軸として所属課の「1人当たりの売上高」を採用しており、その実績で支給額を決定するのが「組織業績給②」になります。このような仕組みを導入することで、会社は各組織（課）に対して、単純に売上高を増やすのではなく、生産性を高めながら売上高を増やすことを求めているのです。

この施策で期待されるのは、意識面の効果です。生産性を向上させれば手当の一部がアップする仕組みであるため、社員1人ひとりに生産性向上への取り組みを促す、意識させる効果が期待できます。例えば、少しでも単価の高い商品を売る、そのような商品を開発するといった取り組みであったり、人を増やさずに売上を増やす方法を検討・実践してもらうといった取り組みなどです。

なお、業績を判定する組織の単位は、会社の規模や部署の機能にもよりますが、できるだけ人数が少ない組織を対象にしたほうが、意識づけの効果は高まるでしょう。

⑶賃金制度関連② 「組織業績給」の導入

●給与項目の一部（※基本給以外の部分）として，前期１年間の会社または部署の生産性指標によって支給額が変動する給与を導入。
●当該給与を導入することで，生産性向上への動機づけを図る（＝インセンティブの付与）。

■給与項目の一部に，所属課の生産性指標に連動した給与を導入した事例

月給

＝ 基本給（能力給） ＋ 役職手当 ＋ 組織業績給 ＋ 各種残業手当

組織業績給は，下表の①と②の合計

組織業績給①

（単位：円）

売上高（前期実績）	Ｊ１等級	Ｊ２等級	Ｊ３等級	Ｌ１等級	Ｌ２等級	Ｍ１等級	Ｍ２等級	Ｍ３等級
26億円以上	19,500	26,000	32,500	39,000	45,500	58,500	65,000	71,500
24億円以上 26億円未満	18,000	24,000	30,000	36,000	42,000	54,000	60,000	66,000
22億円以上 24億円未満	16,500	22,000	27,500	33,000	38,500	49,500	55,000	60,500
20億円以上 22億円未満	15,000	20,000	25,000	30,000	35,000	45,000	50,000	55,000
19億円以上 20億円未満	13,500	18,000	22,500	27,000	31,500	40,500	45,000	49,500
18億円以上 19億円未満	12,000	16,000	20,000	24,000	28,000	36,000	40,000	44,000
18億円未満	10,500	14,000	17,500	21,000	24,500	31,500	35,000	38,500

組織業績給②

（単位：円）

１人当たり売上高（前期実績）	Ｊ１等級	Ｊ２等級	Ｊ３等級	Ｌ１等級	Ｌ２等級	Ｍ１等級	Ｍ２等級	Ｍ３等級
1,300万円以上	19,500	26,000	32,500	39,000	45,500	58,500	65,000	71,500
1,200万円以上 1,300万円未満	18,000	24,000	30,000	36,000	42,000	54,000	60,000	66,000
1,100万円以上 1,200万円未満	16,500	22,000	27,500	33,000	38,500	49,500	55,000	60,500
1,000万円以上 1,100万円未満	15,000	20,000	25,000	30,000	35,000	45,000	50,000	55,000
950万円以上 1,000万円未満	13,500	18,000	22,500	27,000	31,500	40,500	45,000	49,500
900万円以上 950万円未満	12,000	16,000	20,000	24,000	28,000	36,000	40,000	44,000
900万円未満	10,500	14,000	17,500	21,000	24,500	31,500	35,000	38,500

13 「成果（実績）」と「所定労働時間」の関係性で変動する手当の設定

このページでは、短時間勤務社員にフォーカスした給与を取り上げます。ここで紹介する賃金制度関連の生産性向上施策は、少し珍しい事例になるかと思います。

左のページに掲載した事例の会社では、営業職の社員に対して、給与の一部として「生産性手当」を導入しています。基本的な考え方としては、営業社員としての数値実績に応じて手当の支給額が決定される、いわゆるインセンティブ給与になります。

営業実績に応じたインセンティブ給与そのものはよくある仕組みです。ただ、この事例の「生産性手当」がよくあるインセンティブ給与と異なっているのは、営業実績を生み出すために働いた「時間」も金額決定の対象になるという点です。具体的に言うと、この会社では社長の強い意向もあり、育児や介護以外の理由でも会社が認めれば短時間勤務が可能になります。そのような短時間勤務間社員に対して、通常より短い労働時間でフルタイム社員と同じ成果を出した場合には、より高い手当を出すというのがこの「生産性手当」の特徴です。例えば、B評価の営業実績を出したとしても、週30時間の短時間勤務社員のほうが、週40時間のフルタイム社員より手当額が高くなるように設定しています。要は、実績だけでなく生産性も考慮しているということです。

一般的には、短時間勤務になると、その時間に応じて給与を時間割りにするケースがほとんどです。例えば、週30時間勤務であれば、給与を4分の3にするといった具合いです。その場合、短時間勤務社員から「時間は短いけど他の社員と同じような成果を出している」といった不満が出たことはないでしょうか？　この会社でも、基本給は役割に対して支払う給与なので、役割を遂行する時間が減るという理由で時間割りにしています。しかしながら、成果に対する手当（生産性手当）は、逆に短い時間で成果を出してくれる社員のほうが会社としてはありがたい（＝生産性が高い）わけですから、そこを考慮した仕組みにしています。そうすることで、短時間勤務であってもより高い成果にチャレンジしてもらうことを、会社として期待しているのです。

⑶賃金制度関連③　「生産性手当」の導入

●給与項目の一部（※基本給以外の部分）として，前期１年間の「実績」と「所定労働時間」によって支給額が変動する給与を導入。
●当該給与を導入することで，短時間勤務社員に対する動機づけを図ることが大目的。

■給与項目の一部に，個人の生産性に連動した給与を導入した事例（※営業職）

月給
＝ 基本給（役割給）＊１ ＋ 役職手当 ＋ 生産性手当 ＋ 各種残業手当

【生産性手当の決定テーブル】

成果評価ランク（高↔低）	40時間／週	35時間／週	30時間／週
S評価	50,000円	55,000円	60,000円
A評価	35,000円	40,000円	45,000円
B評価	20,000円	25,000円	30,000円
C評価	5,000円	10,000円	15,000円
D評価	0円	0円	0円

通常 ↔ 所定労働時間　＊２ ↔ 短い

【営業職の成果評価項目】

- 受注金額
- 粗利益額
- 新規顧客受注金額
- 重点商品受注金額

▶ いずれも「絶対基準」で評価

＊１：短時間勤務（35時間／週，30時間／週）の基本給は，所定労働時間に応じた時間割額を支給。
＊２：短時間勤務の社員については，原則として時間外・休日労働を認めない。

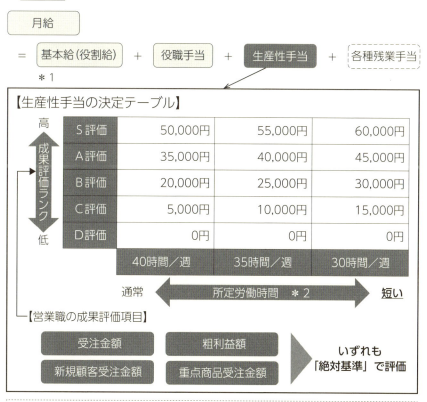

14 賞与算定式における「業務効率性評価」の直接的な反映

賃金制度関連の4つ目の生産性向上施策は、賞与を使った仕組みになります。左のページに掲載した事例では、個人ごとの賞与額を算出するにあたり、1人ひとりの生産性、すなわち仕事上での効率性や能率性の状況をダイレクトに反映するといった方法を取り入れています。

先ほど、社員1人ひとりの生産性を様々な観点から定性的に評価する場合の評価項目例を紹介しました。その場合、一般的には、数ある評価項目の一部として、生産性評価項目を取り入れることになります。このため、生産性評価項目の占める割合が低いと、評価や処遇に与える影響は大きくありません。まずはマイルドな形で生産性に対する意識づけをしたい場合に向いています。

一方、今回紹介する賞与を使った事例では、1人ひとりの仕事上での効率性や能率性を半期ごとに4段階で評価し、「業務効率係数」を決定します。そして、この業務効率係数が、賞与算定式にダイレクトに反映される仕組みになっています。なお、通常の人事評価に基づく係数は「人事評価係数」という形で賞与に反映しているので、通常の人事評価とは別に、業務効率性に関する評価が直接的に賞与の決定に反映されることになります。したがって、先ほどの生産性評価項目の施策よりも、生産性向上に対する強い意識づけの効果が期待できます。

ただし、直接的な仕組みであるために、制度設計や運用に際してはいくつかの注意点があります。1つ目は、単純に「残業時間が多い」という理由のみで賞与を減らすことは、脱法行為とみなされる可能性が高いという点です。また、法律云々に関係なく、本当に忙しい社員のモチベーションを下げてしまう恐れもあります。あくまでも仕事上での効率性や能率性が評価の対象になります。

もう1つの注意点は、通常の人事評価に基づく係数は別途設定しているため、当該評価内容との整合性を図ることが必要になります。通常の人事評価項目の中に、先ほど紹介したような生産性評価項目が入っていると二重評価になってしまいます。もし、この賞与の仕組みを採用するのであれば、通常の評価項目の中からは効率性や能率性に関する項目は外しておくべきでしょう。

⑶賃金制度関連④　賞与への「業務効率係数」の導入

●通常の評価とは別に，業務効率性の評価を実施し，その結果を賞与算定式にダイレクトに反映することで，生産性向上に対する社員の意識を喚起。
●なお，残業時間の多寡ではなく，あくまでも効率性が評価対象であるという点に注意が必要。

■「業務効率係数」を取り入れた場合の賞与算定式の事例

賞与支給額
＝ 基本給 × 支給月数 × 人事評価係数 × 業務効率係数

【業務効率係数テーブル】

業務効率の実態	業務効率係数
業務の効率化・能率化に優れており，期待以上の業務量を想定時間よりも非常に早く終わらせていた	1.10
想定時間内であり，無駄な業務時間や低効率・低能率な働き方はほとんどなかった	1.00
想定時間を超過しており，無駄な業務時間や低効率・低能率な働き方が一部見られた	0.90
想定時間を大幅に超過しており，無駄な業務時間や低効率・低能率な働き方が非常に多かった	0.80

【※設計・運用に際しての留意点】
✓残業時間が多いという理由のみで賞与を減らすことは，脱法行為とみなされる恐れがあるため，そのような評価指標の設定や実際の評価判断に陥らないよう，注意が必要。
✓業務効率係数について，評価によるメリハリが大きすぎると，社員が委縮しモチベーションダウン等につながる恐れがある。
✓通常の人事評価に基づく係数は別途設定しているため，当該評価内容との整合性を図ること。

15 全社的な「生産性向上分」を原資とした決算賞与の導入

賃金制度関連の生産性向上施策として、最後の5つ目の事例を紹介します。この事例も賞与に関する施策になります。具体的には、会社全体としての生産性向上分、すなわち前年度に対する今年度の生産性向上分を原資として、社員に決算賞与を支給する仕組みです。

まず、決算賞与原資の決め方ですが、原資算出で軸になる指標は「1人当たりの付加価値高」です。今年度の当該数値が前年度以前の最高値よりも伸びた場合、決算賞与の原資が発生することになります。具体的には、1人当たり付加価値高の増加分に、正社員の人数を乗じることで、決算賞与の原資を算出します。なお、左のページに掲載した事例では、決算賞与の支給対象は正社員としています。したがって、付加価値高の算出や社員数の算出にあたっては、正社員以外のパート・契約社員の人件費や人数は除いています。（※正社員以外の社員には、別の方法で算出した決算賞与を支給）

次に、そのような方法で決定した賞与原資をどのように正社員に配分するかですが、個別支給額の決定にあたっては、「ポイント制」を採用しています。具体的には、評価の結果に応じて等級ごとに付与するポイントがあらかじめ設定されています。これが、左のページに掲載している「個人別決算賞与ポイント」になります。「ポイント単価」については、その期の決算賞与原資を、正社員全員の賞与ポイントの総計値で割り返すことで、自動的に算出されます。そのポイント単価を1人ひとりの賞与ポイントに乗じることで、個人別の決算賞与額が算出されることになります。

この施策の具体的な効果は、生産性向上に取り組む風土を会社全体で醸成していくという点です。その結果、社員1人ひとりに対して、生産性向上への取り組みを促すことにつながります。なお、単に会社業績に応じて決算賞与を支給するという仕組みだけだと、社員数が多い場合には個々人への意識づけにつながらない可能性もあります。したがって、決算賞与ポイントの算定に反映する評価については、個々人の生産性向上への取り組み結果を反映するべきです。

⑶賃金制度関連⑤　「生産性向上分」を原資とする決算賞与の導入

- **1人当たり付加価値高（＝生産性）が前年度以前よりも向上した場合，当該向上分を原資とした決算賞与を支給。個別支給額の決定にあたっては，1人ひとりの生産性向上への取り組み評価を反映。**
- **生産性向上への意識を高め，具体的な取り組みを促すことが目的。**

■「生産性向上分」を原資とした決算賞与の事例

決算賞与原資算定方法

生産性向上分（1人当たり）

＝ 前年度以前の過去最高の1人当たり付加価値高 － 当年度の1人当たり付加価値高

※付加価値高の算出にあたっては，正社員以外の人件費を通常の算出額から控除しておく。

決算賞与原資

＝ 生産性向上分（1人当たり） × 正社員数 × 25%

個別配分方法（個人支給額算定方法）

決算賞与ポイント単価 ＝ 決算賞与原資 ÷ 正社員全員の決算賞与ポイントの総計

個人別決算賞与支給額 ＝ 決算賞与ポイント単価 × 個人別決算賞与ポイント

・決算賞与ポイントの決定に反映する個人評価は，通常の評価とは別に実施する「生産性向上評価」の結果とする。
（例：「生産性向上目標」の達成度など）

評価ランク	J1～J3等級	L1～L2等級	M1～M3等級
S評価	30	50	80
A評価	25	40	65
B評価	20	30	50
C評価	15	25	40
D評価	10	20	30

16　法律に基づく柔軟な働き方を可能にする「裁量労働制」の導入

　このページからは、人材マネジメント施策の4分野のうち、「2　労働時間制度関連」の具体的な取り組み施策を紹介していきます。この「労働時間制度関連」の施策は、さらに3種類の詳細分野に分けることができますが、まずは「⑴勤務制度関連」について解説します。

　最初に取り上げる勤務時間制度は、労働基準法上の〝みなし労働時間制〟である「裁量労働制」です。法律で規定されているみなし労働時間制には、営業社員など社外での勤務が多い社員に適用される「事業場外みなし労働時間制」と、専門業務や企画業務に就く社員に適用される「裁量労働制」の2種類があります。いずれの制度も、日々の実労働時間に関係なく、あらかじめ定めておいた労働時間を働いたものと〝みなす〟制度になります。なお、生産性向上という目的で導入する場合には、後者の「裁量労働制」が特に対象になるかと思います。

　この裁量労働制には、「専門型」と「企画型」という2つ制度があり、それぞれの適用対象業務や適用対象労働者については、その概要を左のページに掲載しています。いずれも適用条件に該当する業務・労働者しか対象にできないため、注意が必要です。

　裁量労働制による生産性向上への期待効果としては、「日々の業務状況に応じて効率的に時間を使うことが可能になる」「時間ではなく成果を意識した働き方が可能になる」などが挙げられます。

　ただ、裁量労働制をやみくもに導入しても、効果は期待できません。裁量的な働き方を認めることが、業務の効率性や成果の量／質に結びつく「仕事」「人」に限定することが必要です。単に法律上の適用要件を満たしているというだけで導入してしまうと、場合によっては実労働時間だけが長くなってしまう恐れがあります。導入に際しては、本質的な部分で、裁量労働制が自社のビジネスや職種、社員のタイプにマッチしているかどうかを見極めることが重要です。

　また、導入後の運用段階では、評価の軸に「成果」を据えることがポイントです。自由な働き方を認めることで、効率的に成果を出してもらうことを期待している以上、その点をしっかりと評価することが必要になります。

(1)勤務制度関連①　「裁量労働制」の導入

●法律に基づくみなし労働時間制である「裁量労働制」を活用し，成果を軸にした効率的な働き方を社員に促す。
●生産性向上を目的とする場合は，対象者や評価などの面で実態に合ったルールづくりが必要。

■裁量労働制の概要と留意点

裁量労働制（専門型，企画型）

・業務の遂行手段や時間配分などに関して使用者が具体的な指示をしない業務について，労使協定（専門型）や労使委員会（企画型）で定めた労働時間を働いたものとみなす制度。「専門型」と「企画型」の２種類ある。
・「専門型」の裁量労働制は，法令等で定める19の業務（デザイナー，システムエンジニア，コピーライターなど）が対象。
・「企画型」の裁量労働制は，事業運営上の重要な決定が行われる企業の本社などにおいて，企画・立案・調査・分析を行う労働者が対象。

〈導入に際しての**法的な**留意点〉
✓対象業務に該当しても，裁量権のない社員には適用できない。
✓みなし労働時間と実態の労働時間との乖離に注意すること。

労働生産性向上への制度活用ポイント

●個人の裁量的な働き方（遂行手段・時間配分）が成果の量／質や効率性に結びつく「仕事」や「人」に限定すること。
●労働生産性の向上に結びついているかどうかを定期的にチェックすること。その際の労働生産性の定義は「人ベース」。
●ただし，「時間ベース」での労働生産性の低下が発生しないように，労働時間の把握を行うこと。
●裁量労働制の下で働く社員の「評価」の軸は，プロセスよりも「成果（結果）」を中心に据えること。
●上記の観点（働き方，生産性，成果，労働時間の実態）で定期的なモニタリングを行い，問題がある場合には裁量労働制の対象から外すこと。

17 日々の業務状況に応じた就業を可能にする「フレックスタイム制」の導入

勤務制度関連の2つ目の生産性向上施策は、「フレックスタイム制」です。当該制度も、労働基準法で規定されている、柔軟な働き方を可能にする仕組みの1つになります。

フレックスタイム制では、前ページで解説した裁量労働制とは異なり、実際の労働時間に基づいて時間管理や残業代の算定・支給を行うことになります。ただし、この制度を適用すると、1人ひとりの社員が自らの判断で始業時刻や終業時刻を決めることができます。例えば、仕事が早く終わったので通常よりも早く退社した日や、私用があるため通常よりも遅く出社した日があったとしても、他の日に残業を行うことで最終的に月の所定労働時間に到達していれば、原則として給与がカットされることはありません。したがって、業務の繁閑状況に合わせて柔軟に日々の労働時間（始業・就業時刻）を調整することができるため、効率的な働き方が可能になります。これが、フレックスタイム制の導入効果です。

もしフレックスタイム制を採用していないと、どのような現象が起きるでしょうか。例えば、ある日の仕事が所定の終業時刻より1時間以上早く終わってしまい、他に急ぎの仕事もない日があるとします。このケースでフレックスタイム制が導入されていないと、残りの1時間を無駄に過ごすといった状況が発生しかねません。一方、フレックスタイム制が導入されていれば、その日は早く帰った上で、他の忙しい日に残業することにより、結果的には無駄な労働時間の削減につながります。

なお、フレックスタイム制を生産性向上につなげていくためのポイントを、左のページに掲載しました。導入企業で実際によくあるのが、「社内の雰囲気などにより早く帰りづらい」「毎朝朝礼があるので結局早く来ないといけない」などの問題です。フレックスタイム制を導入しているにもかかわらず、実質的に個人の判断で始業時刻や終業時刻を決めれない状態になっているのです。これでは無駄な労働時間の削減という効果は期待できませんので、その辺りの運用面も含めて変えていけるかが、最大のポイントになります。

⑴勤務制度関連② 「フレックスタイム制」の導入

●１人ひとりの社員が自らの業務状況や個人の都合などを考慮した上で，自律的に日々の始業時刻や終業時刻を決定できる仕組み。
●日々の業務の繁閑に合わせて各社員が始業／終業時刻を決定することで，効率的な働き方につながる。

■フレックスタイム制の概要と留意点

フレックスタイム制（＊１）

・１日の労働時間の長さを固定的に定めず，１カ月以内の一定期間の総労働時間を定めておき，労働者がその総労働時間の範囲で各労働日の労働時間を自分で決める制度
【清算期間】　１カ月以内（※起算日明記）
【清算期間の総労働時間】　清算期間の平均で１週間40時間以内
【コアタイム】　１日のうちで必ず働かなければならない時間帯（※必須ではない。未設定は「スーパーフレックス」と呼ばれる）

〈導入に際しての**法的な**留意点〉
✓コアタイムが長すぎる場合は法の趣旨に反すると捉えられる恐れがある。
✓清算期間の暦日数によって総労働時間の上限は異なる。

労働生産性向上への制度活用ポイント

●自らの業務進捗管理や健康管理について，“自律的”に調整やコントロールできる社員に限定すること。
●朝礼／夕礼や所定就業時間外の早朝会議／夜会議などは，できるだけ設定しないようにすること。
●導入に際しては，「定時までに出社，定時以降に退社」という考え方を会社として払拭すること。
●生産性の高い働き方を促すため，人事制度では「成果」や「効率性（能率性）」などを評価／賃金の軸に据えること。
●組織マネジメントに影響が出ることを避けるため，法律の要件や趣旨に反しない“緩やかなルール”を設定しておくこと。

＊１：平成31年４月に法改正予定（●清算期間の上限を１カ月から「３カ月」に延長。●１カ月を超える清算期間を定めた場合の，割増賃金の算定方法について別途規定あり。　など）

18 繁閑時期ごとの就業時間設定が可能となる「変形労働時間制」の導入

もう1つ、労働基準法に基づく柔軟な働き方に関する制度として、「変形労働時間制」を紹介します。これは、業務の繁閑状況に応じて、あらかじめ特定の日や特定の週について、法定労働時間を超えて労働させる時期を決めておく仕組みです。なお、そうして決定する労働時間が、1カ月や1年といった期間内で平均すると、法定労働時間の範囲に収まっていることが要件になります。

例えば、業種的に月末に業務が集中するような会社において、1カ月単位の変形労働時間制を採用し、月末の5労働日は各日の所定労働時間を10時間、当該週の所定労働時間を50時間に設定するとします。代わりに、月初の5労働日は各日の労働時間を6時間、当該週の所定労働時間を30時間に設定することで、1カ月平均で1週間当たり労働時間を40時間に収めているケースがあるとします。このケースの場合、月末の5労働日については、本来の1日当たり法定労働時間（8時間）や1週間当たりの法定労働時間（40時間）を超えているものの、実際の労働時間があらかじめ設定しておいた1日の所定労働時間（10時間）や1週間の所定労働時間（50時間）を超えなければ、法律上の時間外労働時間（残業時間）は発生していないという扱いになります。すなわち、1日で捉えると、2時間分の割増賃金（残業代）は不要ということです。

フレックスタイム制と似ているように思われるかもしれませんが、最大の違いは、どの日やどの週を法定より短くしたり長くしたりするのか、〝あらかじめ〟カレンダーで決めておかなければならない、という点です。したがって、業種特性や職種特性として、忙しい時期や閑散な時期が決まっている場合であれば、効率的な労働時間の設定が可能になります。逆に、仕事の繁閑状況が事前に特定しづらい場合や、個人によって異なる場合については、フレックスタイム制のほうが適しています。

左のページに掲載したように、変形労働時間制には対象期間によって3つの種類があります。それぞれ適用条件が異なると同時に、導入が想定されるケースも異なるため、自社に合った仕組みを検討してください。

⑴勤務制度関連③　「変形労働時間制」の導入

●一定期間を平均し１週間当たりの労働時間が法定労働時間を超えない範囲内で，特定の日または週に法定労働時間を超えて労働させることができる。
●業種／業態として特定の時期に業務の繁閑がある場合，効率的な労働時間の設定が可能となる。

■各変形労働時間制の種類と特徴

制度構成要素	【１年単位】の変形労働時間制	【１ヶ月単位】の変形労働時間制	【１週間単位】の 非定型的変形労働時間制
対象期間	１カ月を超え１年以内の期間	１カ月以内	１週間
１週間の平均労働時間	40時間	40時間（特例事業は44時間）	40時間
労働日・労働時間の上限	1年当たり280時間＊1 １日10時間，１週間52時間	—	１日10時間
連続労働日数の限度	６日が限度，１週１日の休日	—	—
事前に特定すべき労働日・労働時間	対象期間のすべてまたは１カ月以上の期間ごと＊2	対象期間のすべて	少なくとも当該１週間の開始前に各日の労働時間
生産性向上の観点から，制度の適用が想定されるケース	●１年以内の一定時期に，季節等の要因によって業務の繁閑が発生する。（→すなわち，１カ月を超える期間において業務の繁閑が発生する） ●いわゆる「月給制」で給与を決定／支給することに大きな問題がない。	●１カ月以内の一定の時期に，業務の繁閑が発生する。（※月末は締め業務で忙しい，月初は閑散など） ●個人ごとに業務の繁閑時期が異なるのではなく，会社や組織／部署単位で業務の繁閑時期がある程度同一である場合。	●法律上の導入要件を満たす（30人未満の小売業／旅館／料理店・飲食店）。 ●週内の各曜日ごとで業務の繁閑が発生する。 ●週ごとに繁閑の曜日が異なる（特定しづらい）。

＊１：対象期間が３カ月を超える場合。
＊２：その場合は，各対象期間の初日の30日以上前に特定が必要。

19 フレックスタイム制のデメリットを解消する「時差出勤制度」の導入

続いて、勤務制度関連の４つ目の生産性向上施策として、「時差出勤制度」について解説します。この制度は名称からも分かるとおり、勤務時間をずらして働くことができる仕組みです。実際に多くの企業が導入しており、具体的な制度内容としては色々なケースがありますが、本書では一般的な仕組みについて紹介します。なお、フレックスタイム制と似て非なる仕組みであるため、左のページではそれぞれの違いが分かるように、両者を比較する形で特徴を記載しました。

時差出勤制度においても、社員が始業・終業時刻を選択できることになります。ただ法律に基づくフレックスタイム制とは異なり、あらかじめ始業・終業時刻の「パターン」を規程上で設定しておくことが必要です。したがって、個人の判断で都合よく始業・終業時刻を変えることはできません。また、一般的には、始業・終業時刻のパターンは一定の期間ごとに適用されるため、日ごとに始業・就業時刻を変えることも、原則はできません。

所定労働時間についても、フレックスタイム制や変形労働時間制とは異なり、基本的には日ごとに変わるということはありません。したがって、時間外労働時間（残業時間）の算定単位も、通常の法定どおりとなります。

ここまでの説明だと、「フレックスタイム制のほうが良いのでは」と思われるかもしれません。確かに、フレックスタイム制のほうが柔軟性のある仕組みです。しかしながら逆の見方をすると、会社としては社員の時間管理が非常にしづらい仕組みになります。実際、フレックスタイム制の導入に躊躇している会社では、この点をネックとして挙げるケースをよく耳にします。

一方の時差出勤制度の場合、時期や人によって異なるものの、あらかじめ始業・終業時刻は決まっているため、フレックスタイム制のように会社や上司が時間管理しづらいことはありません。したがって、会社や上司が部下の就業時間帯をある程度コントロールしつつ、決められた範囲の中で社員に柔軟な働き方を認めたい（その結果として生産性向上につなげたい）場合には、この時差出勤制度のほうが向いているでしょう。

⑴勤務制度関連④　「時差出勤制度」の導入

●始業／終業時刻のパターンを複数設定しておき，一定の期間単位で本人希望と会社承認の下にいずれかのパターンを選択させる仕組み。
●柔軟な働き方（就業時間帯）を認めつつ，会社・上司による時間管理も行いやすい。

■時差出勤制度の特徴（※以下は，一般的な仕組みの場合）

	時差出勤制度	フレックスタイム制
労働基準法上での規定	なし	あり
始業・終業時刻	あらかじめ規定してあるパターンの中から（会社承認の下に）本人が選択	その日ごとに本人が自由に決定（※コアタイムがある場合はその範囲外で）
1日の所定労働時間	規程に基づく所定労働時間（※日ごとに変わることはない）	（※その日ごとに実労働時間が変わる） （※標準となる1日の労働時間は設定）
時間外労働時間の算定単位	通常通り（1日8時間超，週40時間超）	清算期間における法定労働時間の総枠を超えた時間＊1

時差出勤制度の導入が想定されるケース（※対フレックスタイム制）

●社員の始業／終業時刻を，会社や上司が**一定の範囲内でコントロール**したい場合
●社員個々人の都合・希望に応じて，柔軟な働き方（始業／終業時刻）を認めることにフォーカスしたい場合

＊1：平成31年4月に法改正予定（●1カ月を超える清算期間を定めた場合は，上記とは異なる割増賃金の算定単位が適用される。）

20 社員が働きたい曜日に働ける「出社日選択制度」の導入

勤務制度関連の生産性向上施策として、最後は珍しい制度を紹介します。最近ではベンチャー企業などを中心に導入企業が少しずつ出始めているようですが、まだまだレアなケースかと思われます。それがこの「出社日選択制度」になります。

ほとんどの会社では、シフト制ではない完全週休2日制を導入している場合、「出社日＝平日」で固定されています。すなわち、月曜日から金曜日までが出社日（所定労働日）であり、土曜日と日曜日が所定休日といったパターンです。法律上、平日を所定労働日にしなければならないという規定があるわけではありませんが、飲食業や小売業などを除けば、世の中の慣行に合わせる形で「出社日＝平日」「土日＝休日」としている企業が大半でしょう。

これに対して、この「出社日選択制度」では、社員1人ひとりが休日も含めて自らの出社曜日を決定できる仕組みになります。左のページに掲載した導入イメージの場合、例えばAさんが「平日よりも土曜日のほうが集中しやすい」という理由で、火曜日から土曜日までの5日間を所定労働日にする、といったケースです。もしくは、Bさんのように「2～3日に1回の休日のほうが業務に集中できる」という理由で、所定休日を連続させずに設定するケースも考えられます。

このような仕組みを取り入れることで、社員1人ひとりのニーズに合った働き方を認めることができるため、モチベーションや業務集中力のアップなどが期待できます。当然、その結果として、新たな付加価値の創出や能率性の向上、すなわち生産性の向上が効果として見込まれることになります。あらゆる企業で採用できる仕組みではないと思いますが、逆に言えば導入できる企業にとっては他社との差別化につながるため、人材採用上でもメリットがあるかもしれません。

なお、設計・運用上のポイントですが、会社や上司による業務マネジメントや労務管理が煩雑化することを避けるため、出社日のパターンについてはあらかじめ一定期間（最短でも四半期）で固定化しておくべきでしょう。

(1)勤務制度関連⑤ 「出社日選択制度」の導入

●一般的に，完全週休２日制の場合は「出社日＝平日」で固定されているが，「出社日選択制度」では各社員に働きやすい曜日を認める。
●上記の結果として，業務への集中力の向上や付加価値の創出などを促す効果が期待できる。

■出社日選択制度の導入イメージ

※「○」が所定就労日（出社日），「×」が所定休日

	月曜日	火曜日	水曜日	木曜日	金曜日	土曜日	日曜日
基本形	出社日	出社日	出社日	出社日	出社日	休日	休日
Aさん	×	○	○	○	○	○	×
Bさん	○	○	○	×	○	○	×

Aさん：「平日よりも土曜日のほうが，社員も少なく集中して業務に取り組みやすい」

Bさん：「連休ではなく２～３日に１回の休日のほうが，業務への集中力が持続できる」

【出社日選択制の導入目的】（※生産性向上の観点で）
■１人ひとりの社員に合った働き方（出社日）を認めることにより，業務への集中力の向上が期待できる。
■モチベーション向上の結果として，付加価値創出や能率性アップが期待できる。

出社日選択制度の設計・運用ポイント

✓労働時間管理の煩雑さや，上司による業務マネジメントの難しさを回避するため，四半期や半期といった一定期間ごとに，出社日のパターンをあらかじめ決めさせるルールとする。
✓出社日のパターンについては，本人の希望を踏まえて上司とのすり合わせで決定する。（※個人の意向だけで決定しない）
✓上記ルールに基づきあらかじめ決定した各社員の労働日については，社内（や社外）にオープンにしておき可視化しておく。

21 〝無意識の残業〟を減らすことにもつながる「所定労働時間の短縮」

労働時間制度関連の生産性向上施策として、2つ目に解説するのは「⑵勤務時間短縮関連」になります。前ページまでで説明してきた1つ目の「⑴勤務制度関連」については、働く日や時間帯を〝柔軟にする〟仕組みが中心でした。一方、このページから説明する「⑵勤務時間短縮関連」の各制度は、一定の条件等に該当する場合に、所定の労働日数や労働時間数を〝短くする〟ことに主眼を置いた施策になります。すでに多くの企業が導入している短時間勤務制度だけでなく、短日数勤務制度や自由時間制度など少しエッジの効いた仕組みについても本書では取り上げることとします。

勤務時間短縮関連の生産性向上施策として初めに紹介するのは、「所定労働時間の短縮」です。その名のとおり、1日当たりの所定労働時間を従来よりも短くする施策です。例えば、これまでは1日8時間であった所定労働時間を、新たに7時間30分にする（＝30分の短縮）といったケースです。なお、後述する「短時間勤務制度」とは似て非なる仕組みであり、恒久的（かつ全社的）に所定労働時間を短縮する施策になります。日本全体で見れば実施企業はまだ少ないと思われますが、左のページに実例を掲載しているように、一部の大手企業はすでに所定労働時間の短縮化を実践しています。単なる残業時間の削減ではなく、所定労働時間まで短縮するのはハードルの高い取り組みではありますが、より根本的な生産性向上の実現に向けて、今後はさらに導入企業が増えていくものと想定されます。

なお、「所定労働時間の短縮」を生産性の向上につなげていくためには、当該施策の目的や趣旨を十分に社員に理解させることが必要です。併せて、当該施策の導入効果を定期的にモニタリングし、必要に応じて実労働時間の短縮に向けた別の施策を実施することも検討しなければなりません。そうしないと、所定労働時間の短縮分が単に残業時間に変わってしまっただけ、という本末転倒な結果に陥りかねません。あくまでも、より短い時間でそれまでと同様、もしくはそれまで以上の成果を実現することが求められることになります。

⑵勤務時間短縮関連①　所定労働時間の短縮

●１日当たりの所定労働時間について，原則として賃金水準は変えずに従来よりも短い労働時間数への見直しを行う。（＊１）
●上記の結果，終業時刻間際の“持て余し時間”の削除や，効率性意識の向上などが期待できる。

■所定労働時間短縮の具体例　※公開情報より引用

	旧所定労働時間／日	新所定労働時間／日	
某大手食料品メーカー	７時間35分	**７時間15分**	20分短縮
某大手タイヤ製造メーカー	８時間00分	**７時間30分**	30分短縮

◆いずれの事例においても**基本給の水準に変更はなし。**
⇒結果的には，賃金のベースアップとなる

【上記施策が生産性向上につながる場合】＊２
●一般的に，所定労働時間の終業間際に発生しがちな10～20分程度の“持て余し時間”の削減につながる
●基本給は変わらないため，旧所定労働時間内で終了させていた業務を，短縮後の新所定労働時間内でも終了させようという意識（＝生産性向上意識）が働く

【生産性向上につながらない場合】＊２
✓従来と同様の方法／意識で仕事を進めてしまい，結果的に短縮時間分が残業時間に変わってしまう。（→残業代のアップ）

▶経営トップが，所定労働時間短縮の目的や意義について社員に理解を促す。
▶残業時間の発生状況や生産性向上への取り組み状況を逐次モニタリングする。

＊１：短時間勤務制度とは異なり，恒久的な措置として実施
＊２：当該記載内容については，事例対象会社の公表事実ではなく，弊社の見解。

22 時間よりも成果を軸にした働き方を促す「短時間勤務制度」の導入

続いて、勤務時間短縮関連の生産性向上施策として2つ目に取り上げるのは、「短時間勤務制度」です。先述したとおり、前ページの所定労働時間の短縮とは似て非なる仕組みであり、この短時間勤務制度の方は、対象社員や対象期間、短縮時間などをその都度会社が判断します。また、通常は時限的に適用される制度になります。

育児や介護を事由とした短時間勤務制度については、「育児・介護休業法」において義務化されているため、実際に適用ケースがあるか否かはともかく、基本的にはすべての企業で導入されていることになります。一方、育児・介護以外の事由で本人が希望した場合であっても、会社が承認すれば短時間での勤務を認める会社もあります。すなわち、単なる法的義務への対応として短時間勤務制度を導入するのではなく、働き方の多様化に対応するため、会社の独自策として当該制度を導入しているパターンです。この会社独自策としての短時間勤務制度についても、働き方改革の一環として、近年では導入する企業が増えています。

単に、多様化する社員ニーズに応えることだけを目的とするのではなく、短時間勤務制度を生産性向上にまで結びつけていくには、制度設計や運用に際していくつかのポイントがあります。その内容を、左のページに掲載しました。例えば、勤務時間のパターンについても、一律的に「9時～16時まで」と固定的に設定するのではなく、個々の実状に沿った働き方が可能になるよう、複数の勤務パターンを設定しておくべきでしょう。

もう1つの重要なポイントは、短時間勤務で働く社員の“動機づけ”です。勤務時間が他の社員より限定されていても、より効率的に働くことにより、通常のフルタイム社員と同等もしくはそれ以上の成果を実現するといったケースも当然に想定されます。その場合は生産性の高い働き方を実現できているわけですから、そこにフォーカスできる評価や賃金の仕組みも併せて導入することが、短時間勤務社員の動機づけの観点からは必要不可欠です。なお、それを実現するための施策例が、先に紹介した「生産性手当(3)賃金制度関連③)」になります。

⑵勤務時間短縮関連②　「短時間勤務制度」の導入

●本人の都合（※育児や介護）や希望（※会社の要承認）に応じて，通常よりも短い労働時間での就業を認める施策。
●評価制度や賃金制度を工夫することで，「短時間でも通常以上の成果を出せる社員」を動機づけることが可能。

■短時間勤務制度の適用対象事由と設計・導入ポイント

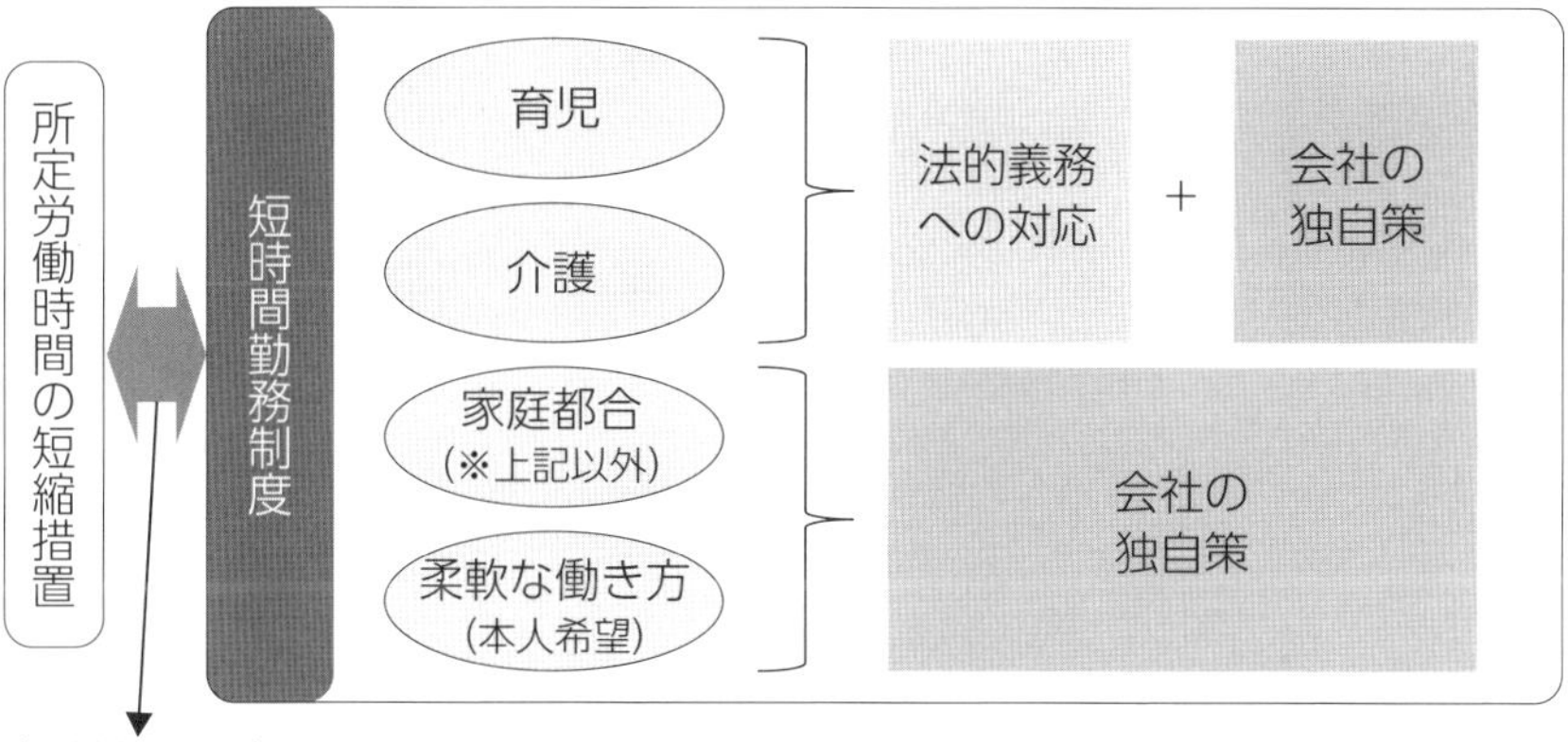

〈両制度の違い〉
【所定労働時間短縮措置（前ページ）】…基本的に会社が全社員または対象組織の社員に，一律的に適用
【短時間勤務制度（本ページ）】…………社員からの申し出に応じて会社が規定等に則り適用を都度判定

「短時間勤務制度」の設計・運用ポイント

◆勤務時間のパターンとして，複数の選択肢を用意する（時間，時刻）
◆育児や介護といった法的義務への対応だけでなく，柔軟な働き方を必要としている社員／希望する社員にも対応できる仕組みとする
◆労働時間短縮分はベース給（基本給等）は減額する。ただし，成果（生産性）に応じて給与がアップする仕組みを併せて導入することで，短時間勤務社員の動機づけを図る

「生産性手当」の事例を参照

23 新たなスキル習得やビジネス創出を促す「短日数勤務制度」の導入

このページで紹介する生産性向上施策は、勤務時間短縮関連の1つである「短日数勤務制度」になります。前ページの短時間勤務制度は、日々の勤務時間を短縮する仕組みになりますが、この「短日数勤務制度」の場合には、短縮化の対象が「労働日」そのものになります。例えば、多くの会社では正社員の所定労働日数は週5日勤務が一般的ですが、本人が希望し会社が承認した場合は、週所定の勤務日数を「4日」や「3日」にすることを認める仕組みです。短時間勤務制度と比べると、この短日数勤務制度のほうはまだまだ導入企業は少ないというのが現状でしょう。

短日数勤務制度を生産性向上につながる仕組みとして導入するのであれば、当該制度の適用対象条件（適用対象者）をどのように設定するかが重要になります。日々の勤務時間を短縮するのではなく、出社日を限定することになるため、本人希望を中心に安易に制度適用を認めてしまうと、生産性向上につながらないだけでなく適正な業務運営/組織運営に支障をきたす恐れもあります。したがって、制度の設計や導入にあたっては十分な検討や精査が必要になります。

左のページには、週4日勤務と週3日勤務の導入イメージを掲載しています。例えば、週4日勤務の事例は、社会人大学への通学を適用事由として認めているケースになります。MBA取得を目的とした社会人大学であれば、将来的に新しいビジネスモデルの立ち上げなどを会社は対象社員に期待することができます。また、週3日勤務の事例については、他社での副業を認めたケースです。競業関係にはない他社での副業を通じて、自社の業務では得られない新しい知識/スキルの習得につながることが期待されます。

このように、生産性向上の観点から短日数勤務制度を導入するのであれば、「短縮した日数を新たな付加価値の創出につながる取り組みに充てること」を適用対象条件とすることが考えられます。したがって、短期的ではなく中期的な視点からの生産性向上施策であると言えるでしょう。

⑵勤務時間短縮関連③ 「短日数勤務制度」の導入

●知識／スキルの深掘りや全く新しい知識／スキルの習得を促すため，社会人大学への通学や他社での副業が可能となる短日数勤務を認める施策。
●上記取り組みで獲得した知識／スキルを，自社の付加価値向上につなげてもらうことが目的。

■短日数勤務制度の導入イメージ

週４日勤務 短縮１日分については，社会人大学への通学（含む自主勉強）に充てる

Aさん

月曜日	火曜日	水曜日	木曜日	金曜日	土曜日	日曜日
大学（復習）（予習）	出社日	出社日	出社日	出社日	大学（通学）	大学（通学）

〈例〉近い将来，自らのアイデアで新しいビジネスモデルを確立できるようになるため，社会人大学に通いMBAの習得を目指す。

週３日勤務 短縮２日分については，他社での副業（※競業関係なし）に従事する

Bさん

月曜日	火曜日	水曜日	木曜日	金曜日	土曜日	日曜日
他社（副業）	出社日	出社日	他社（副業）	出社日	休日	休日

〈例〉人事担当者が，将来的なIT技術の広がりに対応するため，数年間，IT会社で副業に従事し，ITスキルの習得を目指す。

より高度／専門的な知識やスキルの習得

全く新しい知識やスキルの習得

➡「**付加価値の向上**（＝有価アウトプットの向上）」による生産性向上につなげていく

24 無駄な労働時間の削減につながる「完全月給制」の導入

勤務時間短縮関連の4つ目の施策は、「完全月給制」になります。当該施策については、労働時間制度だけでなく賃金制度にも関わってくる仕組みになります。

そもそも、賃金の支払形態には大きく分けて3つの種類があります。具体的には「月給制」「日給制」「時間制」ですが、この点については詳細な説明は必要ないかと思いますが、要は給与算定の対象が「月」なのか「日」なのか「時間」なのか、による違いです。このうち月給制はさらに2つのタイプに区分することができ、1つが「完全月給制」もう1つが「日給月給制」になります。このページで取り上げる「完全月給制」とは、給与が月額で固定されており、原則として早退や遅出（遅刻）の時間があってもその分は給与控除しないパターンです。一方、後者の「日給月給制」は、早退や遅出（遅刻）の時間分を月額給与から控除するパターンになります。

このような「完全月給制」と「日給月給制」という2つの月給制ですが、いずれも広く使用されてはいるものの、実は法律上で定義されている区分／用語ではありません。したがって、両者の違いについては、各社によってその捉え方が異なっているケースもあります。また、就業規則や賃金規程上でそのような用語を明示的に記載していない会社もあります。なお割合としては「日給月給制」を適用している会社が圧倒的に多いですが、時間管理の対象外である法律上の管理監督者に対しては、「完全月給制」を採用しているケースもあります。

生産性向上施策としてこの「完全月給制」を導入する場合ですが、管理監督者だけでなく一般社員も含めて広く適用することが前提になります。その際の導入効果を左のページに掲載しています。例えば、予定していた仕事が終業時刻よりも早く終了した場合、「日給月給制」の下では早退すると給与が控除されてしまいます。そのため、社員は早退せずに終業時刻まで〝無用な〟時間を過ごすかもしれません。しかしながら、「完全月給制」の下では適正な理由で早退しても給与控除の対象にはならないため、社員も業務終了と同時に早退しやすく、結果的に効率的な働き方につながることが期待できます。

⑵勤務時間短縮関連④ 「完全月給制」の導入

●いわゆる「完全月給制」を採用することにより、早退や遅出（遅刻）などが発生した場合でも、当該不就労部分の賃金控除を行わない仕組みとする。

●上記により「終業時刻までの無用な勤務」や「非効率な始業時刻の出社」の回避につながる。

■完全月給制を導入した場合の早退／遅出部分の取り扱い（イメージ）

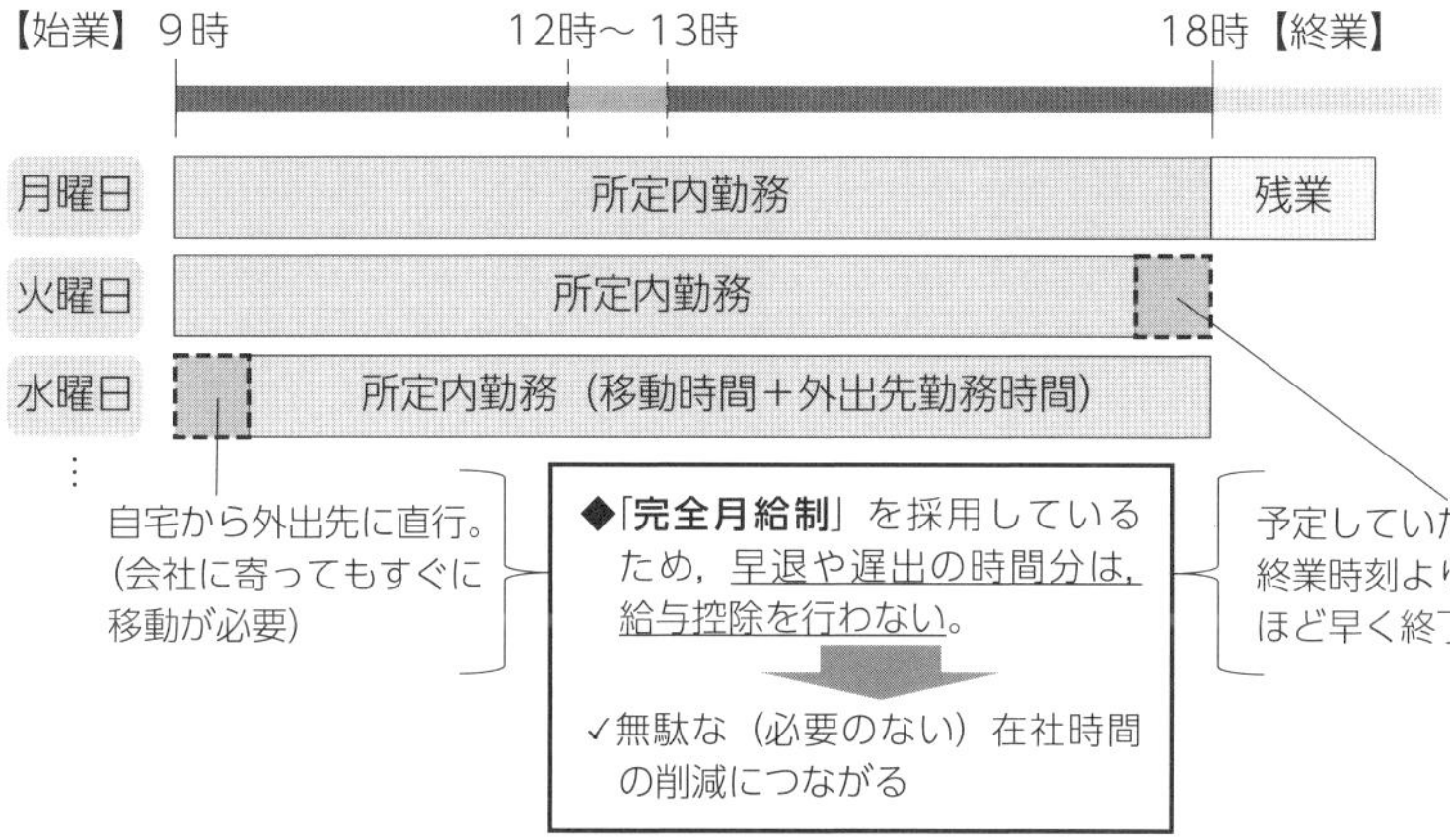

完全月給制の設計・運用ポイント

✓上掲の取り扱いは，基本的に「生産性向上につながる“早退”や“遅出”のみ」を対象とするため，社員が早退や遅出をする場合は，原則として会社への事前／事後の申請をルールとする。＊1

✓フレックスタイム制ではないため，残業部分と早退・遅出部分の相殺はできない。このため，あらかじめ「固定残業代」を支給しておき，基本的には当該固定残業代（残業時間）の中で収まるような働き方を促す。　⇒固定残業代も含めた上での月給水準の設定

✓早退や遅出により期待成果が実現されないことを避けるため，評価は「成果」を軸にした仕組みとする。

＊1：社員の怠慢などを理由とした遅刻や早退などについては，完全月給制の下では賃金控除はできないものの，他の方法にて懲戒の対象とする（※就業規則での規定が必要）。

25 付加価値向上へ創造的な取り組みを促す「自由時間制度」の導入

勤務時間短縮関連の生産性向上施策について、最後に「自由時間制度」を紹介します。制度の名称からはその目的や内容が分かりにくいかもしれません。施策概要としては、「勤務時間の一部について、会社から課された仕事ではなく、本人の自由な意思・発想に基づく取り組みに従事することを認める仕組み」になります。

実はこの制度については、検索サイト等で世界的に有名な某大手IT企業が過去に導入して大きな話題となりました。この企業では、所定労働時間のうち20％の部分は、社員1人ひとりが自らの意思に沿って取り組みたい業務／PJに充当できることとしました。その結果、当該時間を社員が活用することにより、代表的なメールサービスの開発につながったと言われています。その他にも、アメリカに本社を置き、グローバルに事業を展開している某大手素材メーカーにおいても、技術者に対して同様の仕組みを導入し、それが代表的な文具製品の開発につながったそうです。

生産性向上を実現させるための手段については、大きく分けると、「(価値のある) アウトプットを増やす」と「(無用な) インプットを減らす」の2種類に整理できます。このうち、後者についてはすでに働き方改革として多くの企業が様々な取り組みを行っており、本書でも多くの施策を紹介しています。一方、前者については、特に〝人〟の側面からの具体的施策というのはそれほど多くはありませんが、少ない中での1つがこの「自由時間制度」になります。社員に対して、創発的な取り組みに従事しやすい時間的環境を提供することにより、新しいビジネスや商品・サービスの開発といった付加価値向上へのチャレンジを促す仕組みになります。

なお、当該制度を生産性向上につなげていくためのポイントを左のページにまとめました。制度の趣旨を踏まえると、適用対象となる職種は自ずから限定される（例：研究開発職、商品企画職、新規事業開発職など）ことになるかと思います。また、業務の一環として取り組んでもらうことになるため、取り組み内容については、適切なタイミングで社内共有させることが必要です。

⑵勤務時間短縮関連⑤　「自由時間制度」の導入

●勤務時間の一部について，会社から課された仕事ではなく，本人の自由な意思・発想に基づく取り組みに従事することを認める仕組み。
●チャレンジングな，エッジの効いた取り組みを推進し，将来の付加価値創出につなげていく。

■自由時間制度の具体例　※公開情報より引用

某世界的大手IT企業

◆「20％ルール」
・職種を問わず，勤務時間の20％の部分について，各社員が取り組みたいと考えている業務やPJに充当することができる仕組み
⇒代表的なメールサービス等の開発へ

某世界的大手素材メーカー

◆「15％カルチャー」
・技術者に対して，勤務時間の15％までであれば，自らの意思で選択した研究開発テーマに充当することができる仕組み
⇒代表的な文具製品の開発へ

新たな付加価値の創出
↓
生産性の向上へ（有価アウトプットの増大）

労働生産性向上への制度活用ポイント

●適用対象範囲として，成果と時間が比例しない職種や職務に限定すること。
●同時に，適用対象範囲に該当しても「自立的」に業務を遂行できる社員（階層）に限定すること。
●自由時間内における具体的な取り組み内容については，原則として対象者に委ねること。（ただし，常に情報共有できるようにしておくことは必要）
●自由時間以外の部分について，あらかじめ成果や職務を明確にし，それを軸に人事評価を行うこと。

26 残業時間の消化につながる「振休・代休制度」の活用促進

ここからは、労働時間制度関連の生産性向上施策のうち、「(3)休日・休暇・休憩関連」について解説を行っていきます。昨今、働き方改革に関する取り組みが多くの企業で行われていますが、日本人については働き方よりも「休み方の改革」のほうが重要だ、といった声もよく耳にします。確かに、先のページでも統計データを紹介しましたが、日本企業の有休取得率は調査対象国の中で最下位です。実際、欧米企業では2週間以上のロングバケーションを取る社員も決して珍しくはないと聞いていますが、日本人の場合はかなりのレアケースでしょう。

したがって、生産性向上を目的とした労働時間の短縮を実現させるには、本来的には「休み方」の部分にフォーカスした取り組みも必要になります。「労働」と「休息」というのは、時間的な側面からは対極的に位置しているものの、実際には相互に影響を与える関係でもあります。上手な休み方は、より良い働き方にもつながっていく、ということです。

まずこのページでは、休日・休暇・休憩関連の生産性向上施策として「振休・代休制度」について解説します。左のページに掲載しているように、取得要件や割増賃金の支払いといった具体的ルールの部分では、それぞれ異なる仕組みではあるものの、いずれも「労働時間と休日を入れ替える」という意味では、同じ目的の制度です。なお、労働基準法上で規定されているのは「振休（振替休日）」のほうになります。

多くの仕事では、時季によって業務に繁閑（忙しい時季と閑散な時季）が発生するものです。忙しい時季には土曜日や日曜日の休日労働が避けられない、といったケースも珍しくはないでしょう。その場合は、他の閑散な時季に振替休日や代休を取得することによって、トータルでは労働時間を増やさずにすみます。いずれも一般的によくある制度ではあるものの、実態としては十分に活用されていないケースも多いようです。「業務の繁閑に応じて労働日や労働時間を柔軟にコントロールする」というのは、インプットの側面から生産性向上を実現させる際の基本と言えるでしょう。

⑶休日・休暇・休憩関連① 「振替・代休制度」の活用

●休日労働や時間外労働による残業時間の発生分について，他の労働日に休日を取得させることで消化させる仕組み。
●業務の繁閑に応じて事前／事後に休日を取得させることにより，残業時間の抑制が可能となる。

■「振替休日」と「代休」の活用例，および両制度の違い

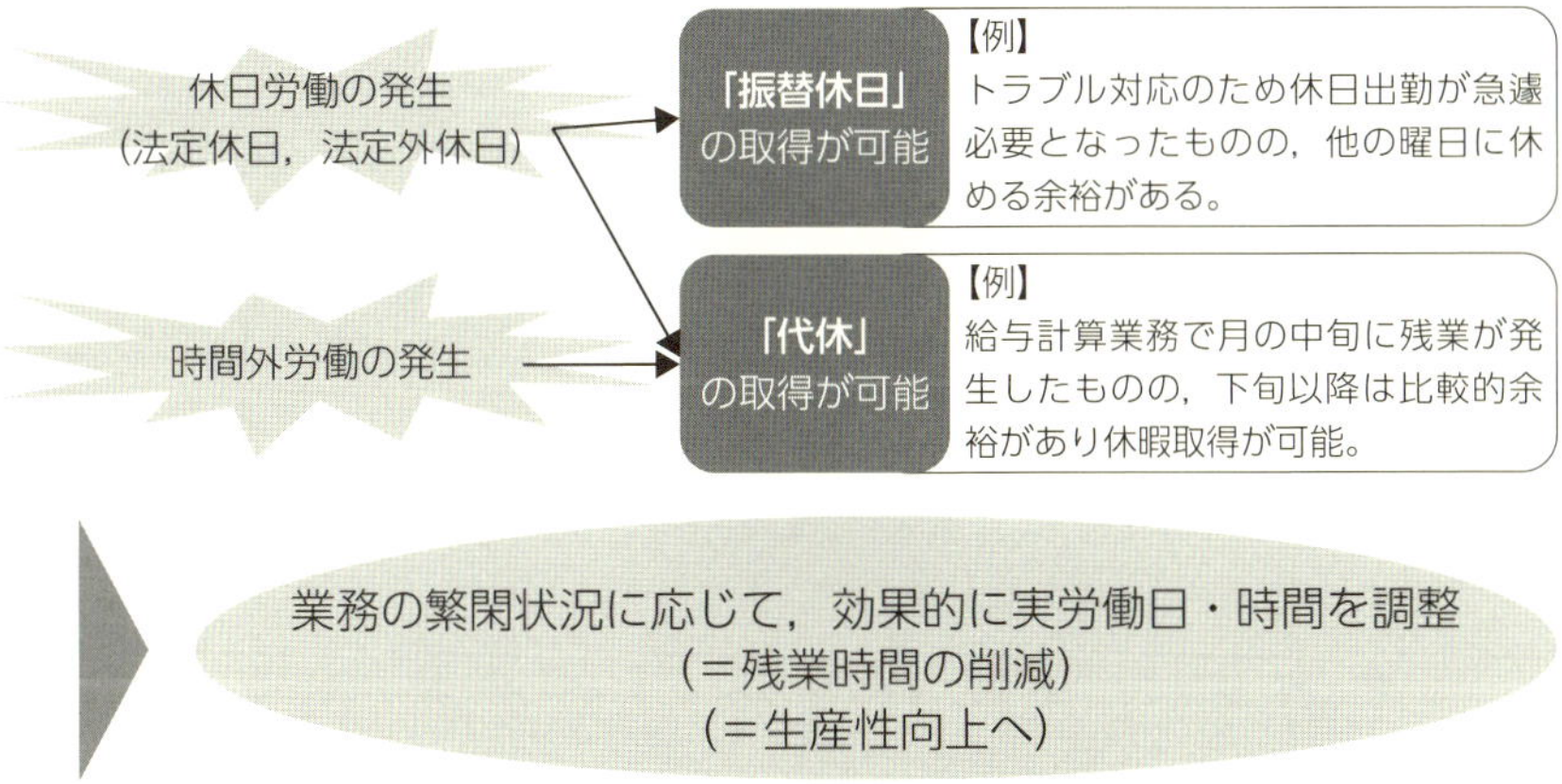

	取得要件	割増賃金の支払い	留意点
振替休日	•休日に勤務する代わりに，あらかじめ他の労働日に休日を振り替えておく	•休日労働に対する割増賃金の支払いは不要	•週をまたがる休日振り替えの場合，休日労働をした週の実労働時間が法定労働時間（40時間）を超えることになるため，当該超過分の割増賃金の支払いは必要となる
代休	•休日労働や時間外労働の発生後，当該超過時間分の休日を取得する	•法定休日労働や時間外労働に対する「割り増し分」のみ支払いが必要	•平日の時間外労働時間の積み上げによる代休取得については，本人の同意に基づき取得させるルールとしておく

27 多様な働き方を認める「週休3日制」や「週休1日制」の導入

休日・休暇・休憩関連の生産性向上施策について、次に取り上げるのは「週休3日制や週休1日制」といった制度になります。一般的には週休2日制を採用する企業がほとんどですが、当該制度は社員のニーズに応じる形で、所定休日を増やしたり減らしたりすることを会社が認める仕組みです。

左のページには、週休3日制や週休1日制を採用した場合のイメージについて掲載しています。例えば、社員Aさんが「日々の労働時間は長くなってもよいので、その代わりに休日を増やしたい。もちろん、給与はそのままで」といった要望を持っているとします。その場合は、1日当たりの所定労働時間を10時間とすることで、週4日勤務、すなわち週休3日が可能になります。なお、左のページの欄外にも掲載していますが、1日当たりの法定労働時間は8時間であるため、差の2時間分を時間外労働手当の支給対象外とするためには、別途、「1カ月単位の変形労働時間制」を導入することが必要になるため注意が必要です。

もう1人の事例であるBさんについては、「週休は1日でいいので、代わりに毎日の労働時間は減らしたい。そのほうが日々、仕事に集中できる」といった働き方を希望しているとします。当然、Aさんと同様に、給与が減ることは望んでいません。その場合、1日当たりの労働時間を6時間40分、週6日勤務（＝週休1日）とすることで、Bさんのニーズに合った働き方を認めることが可能になります。

このように、1日当たりの労働時間を増減させることとで、週の所定労働時間は変えずに（＝給与は変えずに）、所定休日数を増減させることが可能になります。このような多様な〝休み方〟を認めてあげることで、当該社員についてはより効率的に業務に取り組むようになるでしょう。なぜなら、自分に合った働き方（休み方）を希望する社員というのは、往々にして「少しでも効率的に仕事を進めたい」と考えているからです。そのために、わざわざ週休3日や週休1日といった通常とは異なる休み方を望んでいるのです。

⑶休日・休暇・休憩関連② 「週休3日制」「週休1日制」の導入

●週所定労働時間（＝所定内給与の水準）は維持したまま，社員のニーズに応じて所定休日数の増減を柔軟に認める仕組み。
●柔軟な働き方を認める結果として，対象社員がより効率的に業務遂行することが期待できる。

■週休3日制・週休1日制の制度イメージ

週休3日制や週休1日制を導入するパターン

【社員Aさん】
1日当たりの所定労働時間は長くてもいいので，代わりに週休2日を3日にしたい。
→ 週休3日制 → 〈具体的な勤務パターン〉 10時間×4日＊1

週40時間勤務に変更なし
（「短日数勤務制度」との違い）

【社員Bさん】
休日は週1日でいいので，代わりに1日当たりの所定労働時間は減らしたい。
→ 週休1日制 → 6時間40分×6日

【週休3日制／1日制の導入目的】（※生産性向上の観点で）
■所定出社日の短縮や各日所定労働時間の短縮により，時間外労働や休日労働が発生しにくくなる。（それが社員の目的であるため）
■1人ひとりの社員に合った働き方（休日数＝出社日数）を認めることにより，業務への集中力の向上が期待できる。

週休3日制or1日制の設計・運用ポイント ※出社日選択制度と同様

✓労働時間管理の煩雑さや，上司による業務マネジメントの難しさを回避するため，四半期や半期といった一定期間ごとに，休日（出社日）のパターンをあらかじめ決めさせるルールとする。
✓休日（出社日）のパターンについては，本人の希望を踏まえて上司とのすり合わせで決定する。（※個人の意向だけで決定しない）
✓上記ルールに基づきあらかじめ決定した各社員の労働日については，社内（や社外）にオープンにしておき可視化しておく。

＊1：10時間を所定労働時間とする（＝残業発生対象外とする）ためには，「1カ月単位の変形労働時間制」の採用が必要となる。

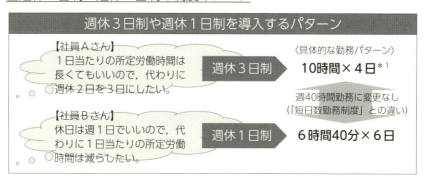

28 通常の有休よりも気兼ねなく取得しやすい「連続休暇制度」の導入

このページと次のページでは、生産性向上施策として「休暇」に関する制度を紹介します。まずこのページでは、「連続休暇制度」についてです。これは、一定の事由に該当する場合、通常の法定有給休暇とは別に連続での休暇取得を認める仕組みになります。具体的には、「アニバーサリー休暇」や「リフレッシュ休暇」「プロジェクト休暇」などがあります。

この「連続休暇制度」は、休暇取得の〝促進〟を目的として導入することになります。その理由を左のページにまとめていますが、最も大きな理由は「対象者が通常の法定有給休暇よりも気兼ねなく取得しやすい」という点です。

日本人の有休取得率が諸外国の中で最低水準にあることはすでに述べたとおりですが、その大きな要因として考えられているのが、社内の「休みにくい雰囲気」です。休まないことが美徳とされてきた日本企業では、働き方改革が進んでいるとは言え、まだまだ休暇を取得しにくい雰囲気にあります。したがって、有給休暇を取得できる状況にあるにもかかわらず、〝何となく休みづらい〟という理由で休暇を取得しない社員というのが、日本ではかなり多く存在していると推察されます。

一方、この「連続休暇制度」の場合には、会社が定めた一定の事由が休暇取得の条件となります。自分だけでなく、他の社員についても同じように適用される可能性があるため、その意味では〝休みやすい〟と言えるでしょう。社員にとっては、個々人で取得理由が異なる通常の法定有給休暇よりも、気兼ねなく休みやすいはずです。

一般的に導入されている連続休暇制度の種類とその概要については、左のページに掲載したとおりです。例えば「アニバーサリー休暇」というのは、結婚記念日や誕生日など、社員もしくはその家族に関する特定の記念日を休暇の付与事由とする制度になります。なお、ここに掲載した事例以外にも、ベンチャー企業などでは変わった事由を対象にしているケースもあります。珍しい休暇制度を取り入れることは、採用面での訴求効果も期待できるため、社内でブレーンストーミングをしながら検討してみるのも良いでしょう。

(3)休日・休暇・休憩関連③　「連続休暇制度」の導入

●一定の事由に該当する場合，通常の有給休暇とは別に連続での休暇取得を認める仕組み。（※特別休暇としての有休扱い）
●事由に該当すれば一律的に適用されるため，対象者が気兼ねなく休暇を取得しやすい。

■連続休暇制度の導入目的と具体例

「連続休暇制度」が社員の休暇取得の促進につながる理由

- ●連続休暇制度の場合は会社が定めた一定の事由が取得理由となるため，個人的な都合での休暇取得の場合よりも，気兼ねなく取得しやすい
- ●会社にとっては，“半強制的”に休暇取得を対象社員に対して促すことができる
- ●連続した休暇を付与することにより，単発の有給休暇制度よりも休暇取得日数が増加しやすい

連続休暇制度の具体例

「アニバーサリー休暇」	✓社員本人やその家族の特定記念日（誕生日，結婚記念日…など）が属する月について，２日～３日程度の特別休暇を付与する制度。
「リフレッシュ休暇」	✓５年単位や10年単位での永年勤続表彰の一環として，対象社員の勤務年数に応じた特別休暇を付与する制度。
「プロジェクト休暇」	✓有期のプロジェクト期間を有するプロジェクトに従事する社員（例：システム開発など）について，プロジェクト終了後やボリューム工程の終了後にまとまった特別休暇を付与する制度。

29 〝仕掛け〟を通じて有休取得を促す「有給休暇取得促進制度」の導入

休日・休暇・休憩関連の生産性向上施策として、次に紹介するのは「有給休暇取得促進制度」です。具体的には、「有給休暇の計画的付与」や、「休暇取得を促す一時金支給」などといった〝仕掛け〟を通じて、法定有給休暇の取得を社員に促す施策になります。

そもそも、社員が「休暇」をより多く取得することによって、生産性向上にどのようなプラスの効果が期待できるのでしょうか。それをまとめたのが、左のページの中段に記載した部分になります。最も大きな期待効果として考えられるのが「心身のリフレッシュによる能率性の向上」です。とある調査では、人間は6時間睡眠を続けていると、2日間徹夜したのと同じ状態になり、集中力が低下するそうです。同様のことが、仕事と能率性の関係にも当てはまります。多少の疲れであってもそれが蓄積されていくと、自覚症状はなくても能率性の低下につながります。したがって、定期的に休暇を取り心も体もリフレッシュさせることは、本来の能率性を継続的に発揮させる上で非常に重要となるのです。

また、休暇取得による期待効果としては、「プライベート時間中の創造的なアイデア」といった点も挙げられます。人間は、リラックスしている状態のほうがより創造的な発想が出てくると言われています。身近な例としてよくあるのが、お風呂場で良いアイデアが浮かぶ、といったケースです。したがって、例えば企画立案業務に取り組んでいる際、途中で考えが煮詰まってしまったときなどは、あえて休暇を取り一時的に仕事から離れた状態に身を置くことで、かえって良いひらめきが生まれる可能性があります。

これまでの日本では、休暇を取得すると「仕事にマイナスの影響を与える」と多くの人が考えていました。しかしながら、実際には、適度な休暇を取得しないほうが仕事に悪影響を与えることになります。したがって、左のページでは有給休暇の取得促進制度をいくつか掲載していますが、当該制度を有効的な施策とするためには、まずは「休暇の目的と効果」を社員にしっかりと理解させることが必要です。

⑶休日・休暇・休憩関連④　「有給休暇取得促進制度」の導入

●有給休暇の取得日数（取得率）の向上を促すため，社員が取得に前向きになるような“仕掛け”を用意しておく。
●仕組みの形骸化を避けるためにも，「休暇を取得する意味（休暇の目的と効果）」を社員に理解させることが必要。

■休暇取得を促す目的と取得促進制度の具体例

生産性向上の観点での休暇取得のメリット

●心身のリフレッシュによる能率性の向上
（例）睡眠時間と集中力の関係

●プライベート時間中の創造的なアイデア
（例）リラックス状態と“ひらめき”の関係

●限られた時間の中での業務集中力の向上
（例）時間の有限性と集中力の関係

取得促進制度の具体例

年次有給休暇の計画的付与	✓年次有給休暇の付与日数のうち，５日を超える一定の日数について，あらかじめ会社が指定した時季に取得させる仕組み。（※法律に基づく制度　※労使協定が必要　＊１）
休暇取得を促す一時金支給	✓規定で定める日数を超える有給休暇を連続して取得した場合に，あらかじめ規定した一時金を特別に支給する仕組み（例：大手人材紹介会社では連続４日以上で10万円）
業務の非属人化の取り組み	✓中小企業の事務職等の場合，仕事が属人化し休暇が取りづらいケースもあるため，部署内で業務の標準化と相互共有を行い，不在時には他者が代替できるようにしておく。

＊１：平成31年４月に法改正予定（●10日以上の年次有給休暇が付与される社員に対しては，５日について，毎年，時季を指定して与えなければならない。ただし，労働者の時期指定や計画的付与により取得された日数分については指定の必要はない。）

30 休憩時刻を業務状況に応じて選択できる「選択制休憩時間」の導入

このページでは、「休憩」に関する生産性向上施策を紹介します。具体的には「選択制休憩時間」という仕組みになりますが、この制度を導入している企業というのはまだまだ珍しいと思われます。

小売業や飲食業などを除き、多くの企業では「12時～13時」の間で休憩時間を設定しています。このように一律的に休憩時間を設定している企業が多いのは、労働基準法上において「一斉付与（※社員全員に同じ時間帯に休憩を付与する）」することが原則ルールとして規定されているからです。しかしながら、実は法律では例外規定も設けられており、過半数労組または過半数代表者との協定があれば、社員ごとに異なる休憩時間を付与することも可能となっています。今回紹介する「選択制休憩時間」という制度は、この例外規定の適用を前提とした仕組みになります。

それでは、社員ごとに休憩時間を選択できる仕組みを導入することによって、生産性向上にどのような好影響があるのでしょうか。1つには、1人ひとりの社員が日ごとの業務状況に合った時間帯での休憩取得が可能になるため、効率的に業務を進めやすくなるという点です。例えば、仕掛りの仕事が昼の12時になっても終わらない場合、いったんそこで仕事をストップしてしまうと非常に効率が悪い、といったケースはよくあります。そうであれば、そのまま仕事を進めておき、切りの良いタイミングで休憩に入るほうが、少しでも業務の効率化につながります。もちろん、実際には運用上でこのような休憩の取り方をしているケースが結構あるかと思いますが、就業規則が一斉付与のみの規定になっていると、厳密には違反になってしまいます。

また、業務内容によっては、個人だけでなく組織レベルでの業務効率化につながるケースもあります。例えば、工場の生産ラインなどでは、機械装置を途中で止めてしまうのではなく、そのまま稼働し続けたほうが生産的です。そのような場合も、昼休憩の時間を社員ごとにずらし、だれかが監視できるようにしておくことで、機械装置をノンストップで動かすことができます。

⑶休日・休暇・休憩関連⑤ 「選択制休憩時間」の導入

●労基法上の原則では，特定業種を除き，休憩時間は「一斉付与」が義務づけられているが，労使協定を締結した場合は個別付与が認められている。
●社員ごとの個別取得が可能にしておくことにより，日ごとの業務状況に合った取得が可能になる。

■選択制休憩時間の法的要件と導入イメージ

【労働基準法　第34条（休憩）】
1．使用者は，労働時間が６時間を超える場合においては少くとも45分，８時間を超える場合においては少くとも一時間の休憩時間を労働時間の途中に与えなければならない。
2．前項の休憩時間は，一斉に与えなければならない。ただし，当該事業場に，労働者の過半数で組織する労働組合がある場合においてはその労働組合，労働者の過半数で組織する労働組合がない場合においては労働者の過半数を代表する者との書面による協定があるときは，この限りでない。
3．使用者は，第１項の休憩時間を自由に利用させなければならない。

原則は一斉付与。
しかしながら，ただし書き以降を適用することにより，個別付与することが可能。
（※運輸交通業や接客娯楽業など特定業種の場合は，協定不要）

〈イメージ〉

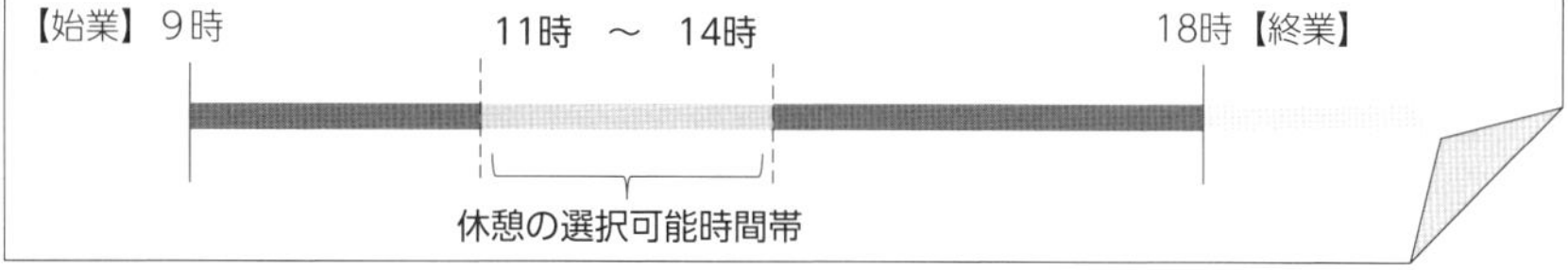

【選択制休憩時間の導入目的】（※生産性向上の観点で）
■日ごとの業務の繁閑状況に応じた効率的／効果的な休憩時間帯の取得が可能になる
■社員ごとに休憩時間帯をずらして取得することにより，組織として効率的な業務推進が可能になる
■フレックスタイム制が利用しやすい

選択制休憩時間の設計・運用ポイント

✓労働時間管理の煩雑さや組織内コミュニケーションのラグを回避するため，上図のイメージにように，選択制にはするものの一定の時間範囲を設定しておく。
✓（選択可能時間帯が長い場合は）30分単位での分割付与も取得可能としておく。（※ただし，労働時間中での取得が必要）

31 個々の実状に沿った働き方を可能にする「在宅勤務制度」の導入

ここからは、生産性向上を目的とした人材マネジメント施策のうち、3つ目の分野である「3　物理的施策関連」について紹介していくこととします。この分野は、さらに「⑴勤務場所関連」と「⑵時間関連」という2種類の詳細分野に分けることができますが、まずこのページからは前者について解説を行っていきます。働く場所という〝物的な側面〟から社員の働き方を柔軟化することを通じて、労働生産性の向上を実現していく取り組みになります。

勤務場所関連の1つ目の生産性向上施策は、「在宅勤務制度」です。働き方改革の主要なメニューとして、ここ数年、多くの企業が導入を進めています。昨今では、自宅で業務をするにあたり、PC・タブレットなどの情報通信機器やインターネットといった情報通信ネットワーク、すなわちICT（情報通信技術）を利用することがほとんどであるため、「テレワーク制度」と呼ばれることもあります。

育児や介護といった事由により、会社に出社して勤務することが難しい労働者であっても、この在宅勤務制度があれば働くことが可能となります。育児離職や介護離職による人手不足が問題となっている企業も増えている今日では、労働者本人だけでなく会社にとっても非常に有益な施策と言えるでしょう。

本書のテーマである「生産性向上」の観点では、社員1人ひとりの実状に沿った働き方を可能にする仕組みであるため、「業務への集中力が高まる」「効率的な時間配分につながる」といった効果が期待できます。また、直接的な効果ではありませんが、通勤時間が発生しない点は、間接的に生産性向上への寄与が期待されます。

一方、この在宅勤務については、「かえって生産性を下げている」といった話も最近ではよく耳にします。確かに、自宅という極めてプライベートな空間であるがために、集中力が下がってしまうケース（人）も十分に想定されます。したがって、やみくもに導入するのではなく、特に「適用対象者」については十分な検討・精査の上で導入可否や導入範囲を決定することが必要です。

⑴勤務場所関連①　「在宅勤務制度」の導入

●社員が会社等に出社せず，自宅を就業場所とする働き方を認める仕組み。
●育児／介護など多様な生活環境下にある社員に対して柔軟な働き方を提供できるだけでなく，適用方法によっては生産性向上につながることも期待できる。

■在宅勤務制度の定義と設計・導入ポイント

「在宅勤務制度」とは

●自らの業務を遂行する場所として，所属会社の事務所／事業所ではなく「自宅」をその対象として選択する働き方。ICTを使うケースが多いため「テレワーク制度」とも呼ばれる。
●所定就業日の全てを在宅勤務とするケースもあれば，週１日程度での限定的な利用を認めるケースもあり，適用方法は企業によって異なる。

在宅勤務制度に関する規定事項とポイント

対象者（生産性向上の観点）	✓「職務や成果（ゴール）を明確に定義できる仕事」「裁量性が成果に結びつく仕事」「（適用前に）継続的に成果を出している社員」等の要件に該当する社員のみを適用対象とする。
利用条件（生産性向上の観点）	✓自宅に独立した業務スペースが確保されており，物理面／システム面でのセキュリティリスクが低いこと。 ✓会社や顧客などからの指示や依頼に応じて，出社や顧客訪問への切り替えが柔軟にできること。 ✓一定期間（※１週間以内）ごとに，業務の進捗や成果を報告できる（その意思がある）こと。
適用期間	✓対象者条件や利用条件の充足状況を定期的にチェックし，半年間や１年間ごとに適用有無を判定する。
労働時間管理	✓一定条件を満たす場合は，労基法上の「事業場外みなし労働時間制」の適用が可能となる。
必須出社日	✓社内メンバーや他の在宅勤務者との定期的なコミュニケーションのために，週１～２回の出社を義務づける。
費用の取り決め	✓ICTの利用費用（ハード，通信）や光熱費などの各種費用について，事前に対象者と取り決めをしておく。

32 〝すきま時間〟の有効活用を可能にする「レンタルオフィス」の導入

勤務場所関連の2つ目の施策は「レンタルオフィス」についてです。一般的には、オフィスを〝時間貸し〟する専門業者と企業が契約を結んだ上で、当該企業で働いている社員が状況に応じて一時的にそのオフィスで働くことができる、といった仕組みになります。

例えば、営業職のように様々な場所や地域への出張・外出が多い社員というのは、アポイントの前後で空き時間が発生しがちです。これまでは、喫茶店などで時間を潰したり、そこで仕事をしたりといったケースも多くありましたが、生産性やセキュリティの面でやはり問題があります。

しかしながら、この「レンタルオフィス」を活用することができれば、時間単位でオフィス（※個別ブースなど）を借りることができるため、すき間時間を有効的に使うことができます。基本的にセキュリティや各種インフラなども充実しているため、喫茶店などで仕事をするよりも、安全かつ能率的に働くことが可能です。現状では、レンタルオフィスの提供は都市部が中心ですが、今後は他の地域にも広がっていくでしょう。

コンサルティング会社である弊社でも、ある専門業者が提供しているレンタルオフィスを利用しています。弊社は京都に本社を置く会社ですが、東京など関東圏のクライアントも数多くあり、午前と午後のアポイントの間が2〜3時間空くこともしばしばです。そのようなとき、近場でレンタルオフィスのあるビルを探し、そこで作業を行っています。実体験を通じて感じたメリットとしては、すき間時間の有効活用という点だけでなく、「時間ごとに利用料金が発生するため、時間を無駄にできない」という意識が働き、集中力が一層高まるといった効果もあります。

なお、本来の就業場所以外での勤務を認める仕組みとしては、他にも「サテライトオフィス」という制度があります。これは、自社が保有する他の事業所での勤務を認めたり、遠隔地の居住者に対して別途借り上げたオフィスでの勤務を認めたりする制度です。このような仕組みを導入することにより、通勤時間や移動時間の削減など、生産性向上への間接的な効果が期待できます。

(1)勤務場所関連② レンタルオフィスの導入

●社員が本来所属するオフィスや事業所以外の場所（※自宅は除く）での勤務を認める仕組み。
●オフィスを時間単位で借りる「レンタルオフィス」だけでなく，類似の仕組みとして「サテライトオフィス」がある。

■「レンタルオフィス」や「サテライトオフィス」の定義と導入ポイント

レンタルオフィス

▶レンタルオフィスの専門業者と企業が契約し，当該専門業者が所有する複数のオフィスの利用を社員に認める。
▶一般的には，時間単位で利用金額が決まっているため，社員の利用頻度・回数や利用時間に応じて費用が変動することになる。

■営業職のように様々な場所・地域への出張や外出が多い社員にとって，訪問前後の空き時間を有効的に利用することができる。
■（一般的に）利用時間に応じて利用料が算出されるため，「時間を無駄にできない」という意識が働きやすい。

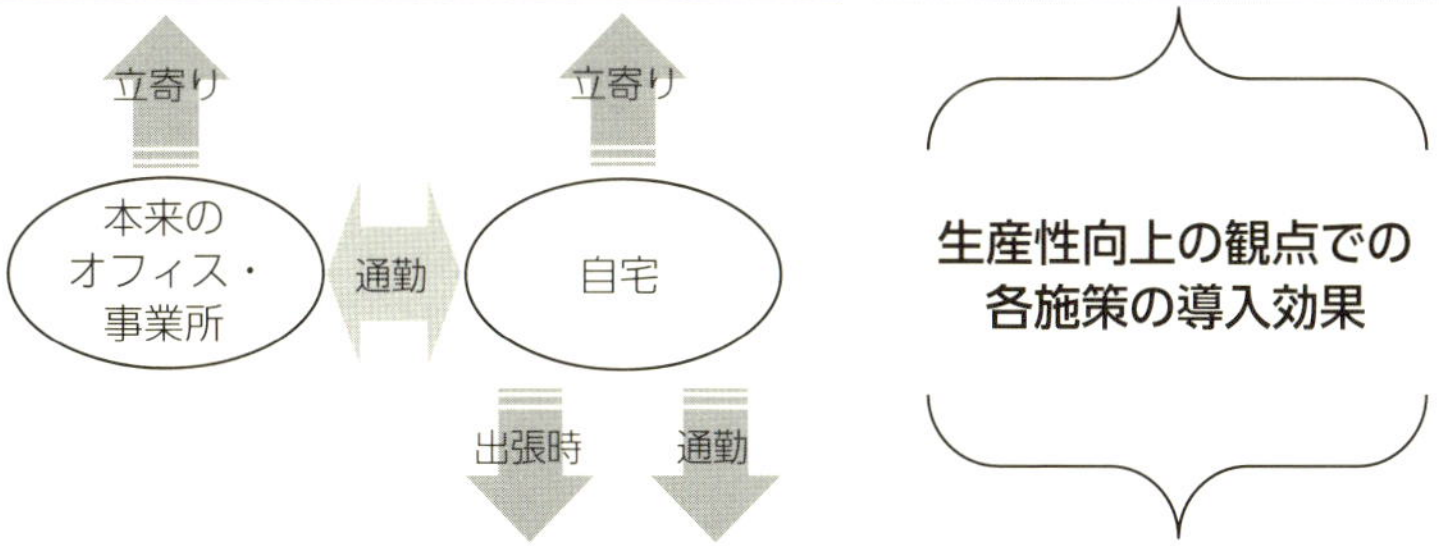

サテライトオフィス

▶本来の勤務場所となっているオフィスや事業所ではなく，自社が保有する他のオフィス等での勤務を認める。
▶もしくは，本来の勤務場所から遠隔に住む社員が一定数いる場合に，より自宅に近い場所に会社がオフィスを別途借り上げ，そこでの勤務を認める。

■サテライトオフィスのほうが自宅に近い社員にとって，通勤時間を削減することができる。（通勤ストレスの緩和，短縮時間の活用）
■サテライトオフィス近辺の顧客等への訪問があった場合，本来の勤務場所に戻るよりも移動時間を削減できる。

33 社員の働きやすさを追求する「オフィスレイアウト」の見直し

このページでは、勤務場所関連の生産性向上施策の3つ目として、「オフィスレイアウトの見直し」を取り上げます。社員が日々働くオフィスについて、より生産的に働くことができるよう、レイアウトや設備、その他諸環境の見直しを行うといった取り組みになります。

本書の第2章で「生産性に影響を与える要因」を紹介しましたが、オフィスという物理的環境面において、社員の働きやすさに影響（プラス面、マイナス面）を与える要素は、多岐にわたります。普段、当たり前のように働いているオフィスが、実は社員の生産性に大きなマイナスの影響をもたらしている恐れもあります。日常的に使っているオフィスであるために、問題点に気づかないケースもあるため、まずは自社のオフィスを生産性の側面から現状分析してみることをお勧めします。

分析にあたっては、左のページに掲載したように、「業務特性」の観点と「社員意識」の双方から実施することが必要です。前者では、自社の業務実態に基づき、客観的な側面からオフィスの諸環境の問題点や改善点、見直しに向けた必要条件などを洗い出します。一方、後者の社員意識調査では、実際に働いている社員が現在のオフィス環境に対して、特に生産性の面からどのように感じてるかをリサーチします。情緒的な回答が出てくることも当然に想定されますが、最終的には社員が「働きやすい」と感じる環境をつくっていることが必要であるため、意識調査は必ず実施すべきです。

生産性向上を目的として、オフィスレイアウト等の見直しを行うにあたっては、「デザイン性よりも機能性を重視する」といった点に留意してください。もちろん、お洒落で先鋭的なデザインと取り入れることで、社員のモチベーションが上がるといったメリットも期待できますが、一方で「デザイン性があるために働きにくい」オフィスになってしまう恐れもあります。最近では、オフィスレイアウトの見直しを行った企業が、「オフィス見学ツアー」を実施しているケースもあるので、実例に基づく情報収集も行いながら、真に「働きやすい」オフィスづくりを目指してください。

⑴勤務場所関連③　オフィスレイアウトの見直し

●オフィス等での“働きやすさ”に影響を与える要因は多岐にわたっており，業務分析や意識調査などを通じて「生産性向上」の観点から是正を図る。
●物理的な環境面を改善することを通じて，集中力の向上や行動の効率化につなげていく。

■オフィスレイアウトの見直しに向けた具体的プロセス，見直し事例

生産性向上につながる オフィスレイアウト見直しの実施方法

業務特性の分析	見直し対象のオフィスで勤務する社員の業務を分析し，業務プロセスや移動フロー，社員接点頻度などの項目ごとに特徴を洗い出し，新しいレイアウトの設計に向けた前提条件を設定する。
社員への意識調査	現在のオフィスレイアウトについて，実際に働いている社員に対してアンケート・ヒアリングを通じた調査を実施し，「働きやすさ（※生産性の観点）」で問題となっている部分を洗い出す。
デザイン性<機能性	生産性向上につながるレイアウト見直しを実施するにあたっては，見た目の「デザイン性」よりも業務を遂行する上での「機能性」を重視した上で検討を進める。
実例のリサーチ	オフィスレイアウトの見直しでは物理的な空間がその対象となるため，机上での検討だけでなく可能な限り実例を体験できる機会を設ける。 …例：オフィス見学ツアーへの参加など

【見直し事例①】
▶社員から「集中できる環境」への要望が多かったため，壁際に座席を配置し，左右をパーテーションで区切る。
▶ただし，コミュニケーション機会が減ることを防ぐため，部屋の中央に多目的テーブルを複数設置し，気軽に打ち合わせができるスペースを用意。

【見直し事例②】
▶クールビスの一環として夏季の空調温度を「28度」に設定した所，社員の2／3以上が不満を訴える。
▶一方で，冷房が苦手な社員も複数名いるため，執務スペースを大きく二分し，一方は25度，他方は28度で空調の室温を設定。

34 通勤時間の短縮を促す「近距離手当」の導入

東京都の中心部にオフィスを構えている企業の場合、従業員が1時間半から2時間程度かけて通勤しているというケースも、決して珍しくはないでしょう。しかも、そのような長い通勤時間の間、終始立ちっぱなしで座ることができない方も多いのではないでしょうか。東京一極集中の問題が叫ばれるようになって久しいのですが、依然としてビジネスの中心は東京である以上、このような長時間にわたる通勤を回避するのは、現実的には難しい部分も多々あります。

一方、東京や横浜といった京浜地区〟以外〟のオフィスに勤めている社員については、できるだけオフィスの近くに住居を構えてもらい、通勤時間の短縮化を図ってもらうことは、必ずしも無理ではありません。もちろん、「少しでも都市部を離れたほうが住居費が安くなる」といった経済的な理由を主として、オフィスから離れた場所に住居を借りたり、買ったりする社員も多いはずです。そのような社員に対して、少しでもオフィス近くに住むことを促す仕組みが、この「近距離手当」になります。前ページまでとは異なり、働く場所ではなく「社員の住む場所」をターゲットにした施策になります。メジャーな仕組みではありませんが、一部の企業では実際に採用されています。

近距離手当の制度内容は、左のページに掲載したとおりです。通勤手当が一定の金額に収まっている場合、当該金額と実費額との差額を「近距離手当」として支給します。すなわち、できるだけオフィス近くに居住を構え、通勤手当を減らすことができれば、結果的にその社員は差額分を手当として受給することが可能になります。通勤時間短縮へのインセンティブ手当と言い換えることもできるでしょう。

先ほども述べたように、通勤時間の短縮化が社員の生産性向上に与える影響というのは、間接的ではあります。しかしながら、通勤時間はほぼ毎日発生するものであるため、長い目で捉えれば、短縮効果は決して小さくありません。1日あたり30分の短縮でも、1年間では100時間以上の削減につながるのです。

(1)勤務場所関連④　「近距離手当」の導入

●社員に対して通勤時間の短縮を促すため，通勤手当や通勤距離が一定の範囲内に収まっている場合には，通勤手当とは別に手当を支給する仕組み。
●通勤時間の短縮化を通じて，心身疲弊の軽減などの側面から生産性向上につなげていく。

■近距離手当の具体的なイメージ

「近距離手当」の定義と目的　※一例

◆通勤手当の金額が一定額未満の場合，その一定額との差額分を「近距離手当」として支給。
◆当該手当を設けることにより，できるだけ会社から近い場所に居住することを社員に推進することが目的。

通勤手当	～3万円未満の実費額	3～5万円までの実費額
＋	＋	＋
近距離手当　＊1	3万円と通勤手当の差額を支給	(支給対象外)

【近距離手当の法律上の取り扱い】
●所得税………通勤手当に関連する手当ではあるが，近距離手当については「全額課税対象」となる。
●残業代基礎…住宅手当に考え方が似ている手当ではあるものの，住居費用に応じた手当ではないため残業算定基礎となる。

通勤時間の短縮化と生産性向上の関係性

●長時間の通勤時間による心身疲弊の軽減につながる
　⇒生産性低下リスクの抑制
●短縮時間分をリフレッシュや休息・睡眠に有効利用
　⇒生産性低下リスクの抑制
●短縮時間分をスキルアップや知識習得に有効利用
　⇒生産性向上への下地づくり

＊1：実際に導入したケースでは，通勤手当の金額条件だけでなく，「会社から居住地までの距離」を一定内とする条件を別途設定。

35 コミュニケーション活性化による生産性向上を促す「フリーアドレス制」の導入

勤務場所関連の生産性向上施策について、最後に紹介するのは「フリーアドレス制」です。当該制度についても、すでに紹介した在宅勤務制度と同様に、すでに多くの企業が採用している施策になります。具体的な制度内容ですが、一般的に、オフィスにおける社員の座席というのは固定的に決まっているものです。部署や職務内容の異動が発生しない限り、座席が移動することも稀ではないかと思います。一方、この「フリーアドレス制」の場合、その対象となる社員については、自らの固定席というものが存在しません。オフィスの至るところにフリースペースの座席やブースが用意されており、日々、どこで働くかは社員が決めることになります。

近年、大手企業などを中心により一層の導入が進んでいるこのフリーアドレス制ですが、実は、IT企業やコンサル企業ではかなり以前から採用されています。これらの企業では、社員がクライアント先に常駐しているケースも多いため、社員1人ひとりにあらかじめ固定席を設けておくことは、アセットマネジメントの観点からも極めて非効率であるということが、その理由です。小生がかつて勤めていた外資系のコンサルティング会社でも、やはりフリーアドレス制を採用していました。

近年、働き方改革や生産性向上の観点からフリーアドレス制を採用している企業が増えていますが、その際の期待効果は、左のページの「メリット」欄に記載したとおりです。特に、最も大きな成果として期待されるのが、「組織横断的なコミュニケーションの活性化」という点です。通常は部署ごとに座席が固定されていますが、このフリーアドレス制の下では、隣に座っているのが他部署の社員、というケースが当然に起こり得ます。それをきっかけにして、部署内の議論だけでは生まれにくい新しいアイデアの創出などが期待されます。

一方で、「デメリット」の欄に記載しているように、フリーアドレス制が組織や個人の生産性低下につながることも否定できません。生産性向上につながる施策とするためには、運用ルールの策定やインフラの整備なども併せて行うことが肝になると言えるでしょう。

⑴勤務場所関連⑤ 「フリーアドレス制」の導入

●一般的に座席は社員ごとに固定されているものの，フリーアドレス制では当該固定席を廃止し，社員がその都度座る席を決定する。
●通常は接点の少ない他部署社員との間で，コミュニケーションが活性化することが期待できる。

■フリーアドレス制のメリット・デメリットと設計・運用ポイント

【フリーアドレス制】
▶各社員が固定された指定席を持たず，都度，座る席を選択する仕組み。
▶かつては，社外作業が多いIT企業やコンサル企業での採用が主であったものの，近年では様々な業種で採用企業が増えつつある。

メリット	▶他部署の社員など組織横断的なコミュニケーションを取りやすい。 ▶フレックスタイム制や裁量労働制との相性がよい。 ▶「会議⇔作業」をシームレスに実施しやすい。
デメリット	▶部署内の主要関係者とのコミュニケーションが取りづらくなる。 ▶自らの必要書類や必要備品が，身近に置かれていない。 ▶周囲の社員が固定しないことに対してストレスを感じる社員がいる。

フリーアドレス制の設計・運用ポイント

✓生産性向上を目的とする場合，当該施策の最大の期待効果は「組織横断的なコミュニケーションの活性化」であるため，席が固定化しないような工夫が必要。（例：週単位で選択可能な座席エリアを変更する／本人ではなく会社がランダムで座席を決定する）
✓内線機能付きの携帯電話を全社員に付与したり，各社員の座席位置が一目でわかるシステムを導入するなど，主要関係者との間でコミュニケーションが取りやすい機能／仕組みを取り入れる。
✓必要書類は可能な限りPC上で閲覧できるよう，ペーパレス化を進める。また，頻繁に利用する備品／機器は至るところに用意しておく。
✓大台デスクだけでなく，個別ブース席も複数用意しておく。また，職種や階層によっては，フリーアドレス制を非適用とする。

36 残業の必要性を上司がチェックする「残業許可制／申告制」の導入

このページからは、「物理的施策関連」の生産性向上施策のうち、「⑵時間関連」の分野に属するものを5つ紹介します。先ほどまでは、「場所」という物理的な側面にフォーカスした施策でしたが、ここからは「時間」がテーマになります。なお、すでに紹介した「労働時間制度関連」の施策については、働く時間の〝柔軟化〟を通じて、効率的・能率的な業務遂行を促すことを主たる目的としていました。一方、このページから取り上げる「時間関連」の施策では、働く時間に一定の〝制約・制限〟を設けることを通じて、限られた労働時間をより効果的に使うことを促すことが、第一義的な目的になります

まず、このページでは、すでに多くの企業で採用されており、一定の効果も期待できる「残業許可制／申告制」について解説します。いずれの制度も、必要性のないまたは低い残業の発生を心理的な側面から抑制することが、期待効果になります。ただし、導入に際しての期待効果は基本的に同じではあるものの、運用に際してのルールや留意点は、両者で異なります。

まず「残業許可制」のほうですが、これは、社員（部下）が残業をしようとする場合、個人の判断で勝手に残業するのではなく、事前に直属上司の許可を要件とする制度です。その都度、上司の判断を仰ぐことになるため、無駄な残業を抑える効果としては、後述する申告制よりも大きいでしょう。ただ、そもそも、左のページの中段にも記載しているように、残業というのは会社（上司）の命令によって発生するというのが、基本的な考え方になります。したがって、実は「残業の許可」というのは、本来的には当然に実施されるべきことなのです。

しかしながら、現実的には、上司の許可を毎日取るのが難しいというケースも多々あります。その場合であっても、上司に対して残業に至った理由や時間を事後的に報告させることにより、無駄な残業の発生を多少なりとも抑止する効果が期待できます。それが、「残業申告制」になります。なお、実運用上では、すでに発生した残業を上司が無効にすることは、法的に見てかなりハードル高いので、注意が必要です。

⑵時間関連① 「残業許可制／申告制」の導入

●残業する場合には，事前に上司の許可を得るか，事後に申告を行うことを義務づける仕組み。
●長時間労働の抑制施策として古典的手法ではあるものの，（形骸的なルールになっていなければ）一定の効果を確実に発揮する施策でもある。

■残業（時間外・休日労働）の発生要件

時間外労働や休日労働の
法律上の発生要件

↓

会社（上司）の
残業発令・指示によって発生

【残業発令の前提条件】
●36協定を締結し，労基署に届け出ている
●就業規則上に時間外・休日労働の規定がある

…直接的な残業発令がない場合の残業は？
【通達（S25.9.14基収2983号)】
✓労働者が使用者の明白な超過勤務の指示により，または使用者の具体的に指示した仕事が，**客観的にみて正規の勤務時間内ではなされ得ないと認められる場合の如く，超過勤務の黙示の指示によって法定労働時間を超えて勤務した場合**には，時間外労働となる。

■残業許可制と申告制の相違点，両者の導入効果

残業“許可”制
✓社員（部下）が時間外労働や休日労働をしようとする場合，**あらかじめ**直属上司の許可を取得した場合にのみ，その実施を認める仕組み。

残業“申告”制
✓社員（部下）が自らの判断で時間外労働や休日労働を実施した後，その理由と時間を**事後的に**直属上司に報告をする仕組み。

無用な残業の発生や，非効率な業務遂行の発生を心理的に抑制する効果

37 限度時間を意識させ効率的な業務を促す「オフィス利用時間の制限」

続いて、時間関連の生産性向上施策として2つ目に取り上げるのが、「オフィス利用時間の制限」です。その名のとおり、例えば20時以降はオフィスでの勤務を原則禁止するなど、社内での勤務時間帯に一定の制限をかける措置になります。生産性向上に関する当該施策の効果ですが、社内での勤務時間に上限を設けることで、少しでも効率的な働き方を社員に意識させる、すなわち無駄な作業や労働時間を減らすことを意識してもらうという点になります。

この施策も、近年、長時間労働の削減を主目的とした働き方改革の一環として多くの企業が導入しています。ただ、かなり以前から、週のうち1日だけ「ノー残業デー」を設けている企業もあるため、考え方として目新しいということはありません。かつての「ノー残業デー」と、近年の「オフィス利用時間の制限」が異なっているのは、週1日だけでなく、恒常的に社内での勤務時間に上限を設けている点です。

会社にとっては、他の生産性向上施策と比べると、導入に際しての準備や手間があまり発生しないという点では、導入しやすい施策であると言えるでしょう。しかしながら、導入しやすい制度というのは、得てして運用が難しいという側面を持っており、この「オフィス利用時間の制限」についても例外ではありません。なぜなら、実際には、決められた勤務時間帯を超えて働かなければならない社員というのも、当然に発生するからです。そこの線引きを厳しくしすぎると、社員から大きな反発を招くことになってしまいます。もしくは、目立った反発はなくても、実際には、社内で仕事ができなくなった社員が、自宅や喫茶店で仕事をせざる得なくなり、大きな不満を持っているという話も最近ではよく耳にします。このように、単純に勤務時間帯に制限を設ければ上手くいく…という制度では決してないのです。

左のページには、設計・運用に際してのポイントをまとめています。この辺りの論点について、必要に応じて社員の意見も聞きながら丁寧に議論や検討を行った上で導入を行うことが大切です。

⑵時間関連②　オフィス利用時間の制限

●オフィスの利用時間を一定の時間帯（例：７時～20時）に制限し，当該時間外での就業を原則として認めない仕組み。
●利用時間に制限を設けることで，社員に効率的な時間の使い方等を促す効果が期待できる。

■「オフィス利用時間の制限」の期待効果と設計・運用上の論点

オフィスの利用時間を制限する効果（※生産性向上の観点）	
	■日々の就業時間の上限が明確になることにより，社員が終業時刻から逆算的に仕事の組み立てを行うようになり，結果として効率的な業務遂行を促すことにつながる。 ■社内における業務上の主要な関係者が上限時刻までに退社することになるため，自らもそれに合わせて業務の組み立てを行うようになる。 ■ルールとして終業時刻の上限が決められると同時に，基本的に全社員が当該時刻までに帰社することになるため，「自分だけ帰りづらい」という状況に陥らない。

設計・運用上のよくある論点

論点		方向性	
論点	✓利用制限をかける「日」や「時間帯」を具体的にどのように設定するか？	方向性	✓社員の反発を回避するため，ヒアリング等を踏まえて決定することが必要。部署ごとに設定することも検討。
論点	✓社員にルール徹底を促し，スムーズに運用していくためにはどのような点に留意が必要か？	方向性	✓制限時間を段階的に狭めていく（最初は広く取る）。 ✓上限時刻の前に，退社を促すメールや放送を流す。
論点	✓例外的取り扱いをどのように認めるか？（※やむを得ず利用時間の制限を解除しなければならないときがあるとの前提）	方向性	✓直属上司レベルの許可制ではなく，担当役員や部長クラスによる許可制とする。

38 自発的なサービス残業の防止にもつながる「PC利用時間の制限」

前ページでは、オフィスでの勤務可能時間に制限を設ける制度を紹介しましたが、このページでは「パソコン（PC）」の利用時間に対して一定の制限をかける制度を取り上げます。具体的には、社員が日々の業務で使用しているPCに対して、システム的な側面から規定の時間帯以外では作業できないようにする措置です。

先ほどの「オフィス利用時間の制限」とは似て非なる施策であり、当該制度の欠点（懸念点）への対応を考慮したのが、この「PC利用時間の制限」になります。すでに述べたように、オフィスでの勤務時間帯を制限するだけでは、特にノートPCが付与されている場合、自宅等の社外で作業をすることが可能になります。そうなると、社員が「会社で仕事ができないのであれば、外で仕事すればよい」という考えに陥ってしまい、効率的な働き方を促すといった効果が期待できなくなります。また、自宅での作業が残業時間にカウントされない可能性もあり、そうなるとサービス残業といった法的問題や、社員のモチベーションダウンを招く恐れもあります。そのような問題やリスクを回避しつつ、社員に対して効率的な働き方を促すのがこの「PC利用時間の制限」になります。なお最近では、労働基準監督署が残業関連のチェックで立ち入り検査を行う場合、PCのログ（利用履歴）までチェックすることが多くなっています。もし、タイムカードよりもPCの利用時間が長くなっており、その差に対して合理的な理由を会社が立証できなければ、差額の残業代を遡及して支払うことが求められます。したがって、その辺りの対策も含めて、単にオフィスの利用制限にとどまることなく、PCにまで利用制限をかけるケースが増えてきています。

PCの利用時間に制限をかける場合についても、先ほどのオフィス利用時間の制限と同様、業務の実態に応じた対応が必要です。十把一絡げで一律的に制限を適用しようとすると、結果的には忙しい社員の反発を買ったり、必要な仕事がなされない、PCを使わずに作業を行う（かえって効率が下がる）…といった状況に陥りかねないため、注意が必要です。

⑵時間関連③　PC利用時間の制限

- **PCでの作業が業務の大半を占める職種において，PCの利用時間を一定の時間帯に制限し，当該時間外での利用を原則として認めない仕組み。**
- **オフィスの利用条件だけでは制限しきれない「自宅での夜間作業」なども禁止することが可能。**

■「PC利用時間の制限」の期待効果と設計・運用上の論点

オフィスの利用制限 ⇔ **PCの利用制限**　※以下は，オフィス利用制限よりもメリットがある点

- 「オフィスの利用制限」の場合，ノートPCの付与等を行っている社員が自宅に持ち帰って夜間／早朝／休日残業をする可能性がある（サービス残業になりやすい）が，PCの利用制限では当該残業が発生し得ない。
- 近年，労基署の査察では「PCのログ」を取られるケースが多いため，その対策になる。

設計・運用上のよくある論点

	論点		方向性
論点	✓PCに利用制限をかける方法として，具体的（技術的）にどのようなやり方があるか？	方向性	✓大別すると，「①PCごとにソフトで制限」と「②PCをシンクライアント化しアクセス制限」がある。
論点	✓社員の反発を回避しながら，運用ルールを徹底・浸透させていくためには？	方向性	✓制導入当初は，PCの利用制限まで行わず，「ログの取得とオーバータイムに対するアラート」にとどめておく。
論点	✓例外的取り扱いをどのように認めるか？（※やむを得ず利用時間の制限を解除しなければならないときがあるとの前提）	方向性	✓月や週の残業時間が一定範囲内に収まっている場合には，直属上司の許可により一時的に制限を外す…など。

39 終業時刻間際の電話顧客対応を極力回避する「営業時間外アナウンス」

業務を遂行するにあたっては、多くの場合において「相手先」があるものです。このため、自らの能力や意識によってどれだけ作業を効率化したとしても、仕事の相手先次第では、結果的には労働時間が減らない、減らせないといった状況が、どうしても発生してしまいます。実際、顧客企業の働き方改革を支援するにあたり、現場の社員からは、「終業時刻前後に顧客から電話がかかってくると、残業してでもその対応をしないといけない」「顧客に会社支給の携帯電話番号を教えているので、休日でも電話がかかってきて、その流れで仕事をせざる得なくなることがある」といった意見を聞くことが何度かありました。仕事の相手先が社内の人間であればまだ都合もつけやすいのですが、営業職などのように「顧客企業」が相手先だと、本人の努力だけではいかんともしがたいケースが大半ではないでしょうか。

このようなケースに対して、会社の取り組みとして実施できる施策の1つが、「営業時間外アナウンス」になります。具体的な施策内容ですが、社内の固定電話であれば、「営業時間外にかかってきた社外からの電話に対しては、その旨の自動音声アナウンスを流す」といった措置になります。社外からの電話に対してこのようなアナウンスを流すことにより、不要不急の仕事であるにもかかわらず社員が残業をしてまで対応してしまう、といったケースを削減することにつながります。

なお、「営業時間外アナウンス」を導入する場合には、あらかじめ実施すべきことがあります。それは、顧客など外部の主要関係先への事前通知です。なぜそのような取り組みを実施するのかといった目的と、社外への協力依頼を記載した文書を社長名で作成し、主要な顧客や関係先に送付しておきます。併せて、その内容をホームページにも掲載しておくと良いでしょう。これを怠ってしまうと、顧客等からの大きなクレームにつながる恐れがあるため、十分な注意が必要です。なお、昨今は日本全体として「働き方改革」の必要性が叫ばれているため、その辺りを目的とすることで、社外の理解も得やすい環境にあると言えます。

⑵時間関連④　営業時間外アナウンス

●社内固定電話や社用携帯電話において，営業時間外（所定労働時間外・所定労働日外）は原則として「対応時間外」の設定としておく取り組み。
●上記の結果，所定時間外にまで及ぶ不要不急の顧客対応を回避する効果が期待できる。

■「営業時間外アナウンス」の設定目的と運用ポイント

〈働き方改革の過程で，現場社員からよくでる意見〉

終業時刻前後に顧客から電話がかかってきて，
結果的にその対応で時間外労働が発生

顧客に会社の携帯電話番号を教えているため，
休日であっても電話がかかってくることがある

対策

【営業時間外アナウンスの設定】
▶社内の固定電話について，終業時刻またはそこから一定時間経過後のタイミングで，「営業時間外」である旨の自動音声を流す。
▶会社専用の携帯電話について，終業時刻等以降は留守電対応を原則とする。なお，留守電応答メッセージは，会社共通の営業時間外メッセージとする。

営業時間外アナウンスの設定・運用ポイント

✓「営業時間外アナウンス」を実施するにあたっては，顧客等に対して，あらかじめ「実施の目的とお願い」に関する通知を**社長名**で通達しておき，事前に理解を得ておく。※今日的には「働き方改革」を目的として前面に打ち出しやすい
✓業種や部署（職種）によっては，当該取り扱いが明らかにそぐわないケースも当然にあるため，適用に際しては施策としての妥当性を十分に考慮し検討を行う。
✓繁忙期やトラブル対応時など，一時的に営業時間外での対応が明らかに必要となる場合については，時限的に営業時間外アナウンスを解除したり，もしくは臨時対応用の電話番号や窓口（メール等）を設定しておく。

40 業務への集中時間帯の確保を目的とした「会話禁止時間帯」の設定

生産性向上に向けた「時間関連」の施策として、最後に紹介するのは「会話禁止時間帯の設定」になります。この制度については、前ページまでに紹介してきた4つの時間関連施策とは異なり、実際に導入している企業はかなり少ないと思われます。後述するように、導入に際しては懸念される部分もいくつかあるものの、ベンチャー企業などでは実際に導入して一定の効果を上げている実例もあるようです。したがって、少しエッジの効いた施策にはなりますが、生産性向上施策の選択肢を広げるという目的の下に、本書では取り上げたいと思います。

施策内容そのものは、決して難しいものではありません。就業時間内の一定の時間帯について、業務関連であったとしても社員間での会話を原則禁止するといった制度になります。禁止時間帯については、あまりに長いとかえって業務に支障をきたしてしまうため、1時間から長くても2時間程度に収めることが現実的でしょう。人間が集中できる時間という意味でも、それくらいの長さが妥当であると考えます。

この制度が、生産性向上にどのような効果があるのかということですが、それをまとめたのが左のページの「メリット」欄の記載内容になります。仕事の内容・性質によっては、一定時間、作業に集中・没頭したほうが効率的である、といったケースはよくあります。そのような仕事をしているときに、上司や同僚から声をかけられてしまうと、断れずに作業が中断してしまい、結果的には効率性が損なわれてしまいます。そのような場合に、この「会話禁止時間帯」の制度があると、効果を発揮します。集中したい作業については、この「会話禁止時間帯」に実施するようにしておくのです。

このように、周囲の人間と強制的に会話〝できない〟時間帯を設けることにより、業務の効率化であったり、時間を意識した働き方を促したり、といった効果が期待できます。一方で、左のページの下段にも掲載しているように、「想定される懸念点」というのも存在します。まずは時限的に仮導入し、そこでの効果を見極めた上で本導入の可否を判断することでも良いでしょう。

⑵時間関連⑤ 「会話禁止時間帯」の設定

●就業時間内に，たとえ業務に関連する内容であっても，社員同士の会話を禁止する時間帯を制度的に設定する仕組み。
●周囲を気にせず，また途中で中断されることなく個人タスクに集中でき，効率化につながる。

■「会話禁止時間帯」を設定する場合のメリットと懸念点

「会話禁止時間帯」とは…	▶就業時間内の一定の時間帯（※１時間～２時間程度）については，業務関連であっても社員間での会話を禁止する制度。 ⇒人間が集中できる限度時間の活用

生産性向上の観点での「メリット」

▶自らの仕事（タスク）に完全に集中できるため，連続性が求められる作業等を効率的に推進することができる。
▶会話禁止時間帯を軸に仕事を管理するようになるため，優先順位づけなど計画的なスケジューリング能力が向上する。
▶限られた時間の中で集中的に作業する経験を重ねることを通じて，「時間」を意識した働き方が身につくようになる。

想定される懸念点

▶急な打ち合わせや報告・相談などが発生した場合はどうするか？
(⇒例外的な取り扱いに関してルール決めが必要)
▶社外から電話がかかってきた場合は？
(⇒顧客等に対して「会話禁止時間帯」の設定をあらかじめ通知すべきか?)
▶会話禁止時間帯の設定が，実際に効率性／能率性の向上につながるのか?
(⇒成果測定を行うべきか？)

41　基本的な時間管理スキルを身に付けさせる「タイムマネジメント研修」の実施

生産性向上を目的とした人材マネジメント施策について、最後に解説を行う4つ目の分野は「研修・トレーニング関連」になります。会社主導による研修等の取り組みを通じて、生産性向上を実現する上で必要となる〝能力〟であったり、〝意識〟であったりを底上げしていくことが、当該分野における施策の目的・概要になります。したがって、この研修・トレーニング分野の生産性向上施策は、さらに「(1)能力開発関連」と「(2)意識改革関連」の2種類の詳細分野に区分できます。本書では、それぞれについて5つの具体策を紹介していきます。

まずこのページからは、能力開発関連の施策になります。1つ目に紹介するのは「タイムマネジメント研修」です。生産性向上に向けた能力関連のトレーニングのうち、最も基本的な研修テーマになります。どのような職種の仕事であっても、限られた時間の中で期待される品質・成果を実現させるためには、効率的な時間の使い方が求められます。これがいわゆる「タイムマネジメント」の能力・スキルです。この基本的な能力・スキルを持たずして、生産性向上を実現させていくというのは、ほぼ無理でしょう。したがって、生産性向上への基礎的な能力・スキルであるとの位置づけの下に、まずは仕事での経験値が浅い若手社員をターゲットとしてタイムマネジメント研修を実施することが必要になります。

このタイムマネジメント研修（時間管理研修）については、世の中の多くの研修会社が様々なプログラムを提供しています。したがって、左のページに掲載した研修プログラムのイメージは、あくまでもその一例に過ぎません。研修のターゲットとなる社員の職種（業務内容）や階層、過去の類似研修の受講歴などによって、実施すべきプログラムの内容は変わって然るべきです。テーマありきで研修を実施するのではなく、「生産性の向上」という大目的に対して、どのようなコンテンツ（研修内容）をプログラムとして採用すべきかについて、十分に検討・精査した上で進めていくことが大切になります。以降のページで紹介する他の研修テーマについても、同様のことが言えます。

⑴能力開発関連①　「タイムマネジメント研修」の実施

●効率的な働き方を実現していく上での最も基本的な能力である「タイムマネジメント」について，基本的な考え方やスキルを身につけさせるための研修。
●生産性の悪化につながりかねない“自己流の時間管理”に陥ることを避ける効果が期待できる。

■「タイムマネジメント研修」のプログラムイメージと研修ポイント

◆タイムマネジメント研修　プログラム◆

【1】仕事の中で時間の「有限性」を意識する
・仕事が「終わった時間」ではなく，仕事を「終わらせる時間」を意識する
・なぜ「時は金なり」と言われるのか？～会社の視点，個人の視点～
【2】担当する仕事の「目的」と「中身」を理解する
・任された仕事に対して，組織の中での位置づけや意義を理解する
・自らの仕事の目的と中身を書き出してみる
【3】「年」「月」「週」「日」の単位で仕事を整理する
・時間管理の大原則は，「いつ何をするか」を可視化しておくこと
・スケジュール管理における情報機器の効果的利用方法
【4】仕事の相手先を把握し，コミュニケーションを図る
・ほとんどの仕事は，自分１人だけでは成り立たない
・予定どおりに仕事を進めるためのコミュニケーションの取り方
【5】２年目からは仕事の「効率化」を意識する
・同じ仕事を同じ時間で続けている限り，賃金は上がらないのが原則
・入社１年目でも仕事の効率化は可能～業務改善の視点～

タイムマネジメント研修の実施ポイント（**※生産性向上の観点**）

仕事を「計画的」に推進することを身につけさせる	✓新卒社員を含めた若手社員を対象とする場合，時間管理でまず認識させるべきポイントは，「計画を立て，その計画に沿って仕事をする」という点。これができないと，想定外業務への対応や業務の効率化には至らない。
仕事に慣れた後は「効率化」の視点を持たせる	✓同じ仕事を１年以上を担当すると，一般的には仕事内容に対する理解も進み，基本的な作業の進め方に慣れてくるはず。それがゴールではなく，次のステップとして「効率化」を目指さないと，個人の成長にもつながらない。

42 急な業務依頼にも対応可能になる「仕事の優先順位づけ研修」の実施

前ページで紹介した「タイムマネジメント研修」のプログラムイメージは、〝計画的に仕事を進めていく〟ための能力・スキルの習得に主眼を置いています。日々、無計画に仕事に取り組むのではなく、「いつ、どの仕事をするのか」をあらかじめ計画として落とし込んでおき、その計画に沿って進捗管理を行いながら仕事を進めていくことは、無駄な業務時間の発生を回避する上での基本になります。

ただ、計画の〝立て方〟自体に問題があると、結局は非効率な業務の進め方に陥ってしまう恐れがあります。例えば、重要な仕事を後回しにしたために、その後、残業をしてまでその仕事に取り組まなければならなくなってしまった、というようなパターンです。このように、計画的に沿って仕事を進めていくことは大切ですが、その前段として「どのような計画を立てるのか」という点も、生産性の高い仕事の進め方を実現する上では、非常に重要になってきます。すなわち、取り組むべき仕事に対して、適切な〝優先順位づけ〟をした上で、計画を立てることが必要だということです。

この「仕事の優先順位づけ」に関する能力・スキルを習得させるためのトレーニングが、このページで取り上げる研修テーマになります。当該研修を実施する場合のプログラムのコンテンツイメージを、左のページに掲載しましたので、参考にしてください。研修のターゲット層としては、先ほどのタイムマネジメント研修と同様、社会人経験が短い若年層とすることが一般的でしょう。

社会人経験が2～3年になると、職場において様々な仕事を同時に抱えるケースが増えてきます。その際、やみくもに仕事に着手するのではなく、1つひとつの仕事の「納期」や「重要性」に基づいて、着手すべき時期やそれぞれの仕事の工数（作業時間）を設定するのが、「優先順位づけ」になります。若手社員の間で仕事の生産性や能率性に差が出てくるのは、往々にしてこの辺りの実践度合いが影響しています。したがって、研修を実施するにあたっては、優先順位づけの方法論の解説だけに終始するのではなく、その必要性まで十分に理解させるような講義が求められることになります。

⑴能力開発関連② 「仕事の優先順位づけ研修」の実施

●担当するすべての仕事を“来た順”や“並列”で取り扱うのではなく，納期や期待内容などを踏まえて「仕事に優先順位をつける」スキルを習得させる。
●当該スキルを身につけさせることで，社員が時間を有効的に使うようになることが期待できる。

■「仕事の優先順位づけ研修」のプログラムイメージと研修ポイント

◆仕事の優先順位づけ研修　プログラム◆

【1】仕事における「優先順位」とは？
・仕事の優先順位を決める際の２つの視点～①納期，②重要性～
・仕事の優先順位を決める際の重要なポイント～コミュニケーション～

【2】なぜ，仕事に「優先順位づけ」を行うことが必要なのか？
・仕事を依頼された順番に処理していく場合の，想定されるリスク
・仕事の重要度を無視して処理していく場合の，想定されるリスク

【3】自らの仕事に優先順位をつけてみる
・自らのこれまでの仕事の進め方を振り返ってみる～問題点の把握～
・自らの仕事を「納期」と「重要性」で優先順位をつけてみる

【4】優先度が「低い」仕事は，本当にやるべき仕事か
・仕事の優先順位づけから見えてくる「必要性の低い仕事」
・仕事の「取捨選択」と仕事の「担当替え」を通じた業務の効率化

【5】急な仕事が発生した場合の対応方法
・定型業務のスケジューリングに際しては「空き時間」を確保しておく
・急な依頼であっても，すぐに着手すべきとは限らない～冷静な判断～

仕事の優先順位づけ研修の実施ポイント（**※生産性向上の観点**）

「仕事の組み方で効率が変わる」ことを理解させる	✓仕事の優先順位づけを意識せず，依頼された仕事をそのままの順番でこなしたり，重要性を意識せずに仕事を進めていくと，納期間際にドタバタすることになりかねない。仕事を「コントロールする」ことが効率化の第一歩。
余裕のあるスケジューリング方法を身につけさせる	✓スケジューリングに空き時間がないと，緊急の仕事や想定外の仕事が発生したとき，時間外での対応が不可避となってしまう。少なくとも同じ仕事を１年以上経験している社員には，このような計画の立て方が求められる。

43 〝組織としての生産性〟の向上につながる「チームビルディング研修」の実施

能力開発関連の生産性向上施策のうち、次に紹介するのは「チームビルディング研修」です。先ほどまでのタイムマネジメント研修や仕事の優先順位づけ研修は、いずれも個人の能力開発を対象としたトレーニングでした。一方、今回取り上げる「チームビルディング研修」は、その名のとおり組織にフォーカスした研修になります。会社全体としての生産性向上を実現していくためには、社員1人ひとりの能率性を上げるだけでなく、「組織としての能率性」にも着目し、その改善・向上に取り組むことが必要です。例えば、社員個々人の能率性は高かったとしても、社員間の連携が十分ではないために、組織レベルでは生産性が悪くなっているというのは、枚挙に暇がありません。そこにメスを入れるための研修が、この「チームビルディング研修」になります。

左のページには、チームビルディング研修のプログラムイメージを一例として掲載しています。このうち、特に重要となるのが【4】の「体験型演習」の部分です。講義を通じて基本的な知識を学んでもらうことも必要ですが、より良いチームビルディングを実現するためには、人と人とのコミュニケーションが軸になるため、研修ではその点を実体験を通じて学習できるようにしておきます。研修時間の大半をこの体験型演習に費やすようなタイムテーブルにしておくべきでしょう。なお、左のページのプログラム内に記載している「マシュマロチャレンジ」や「ドミノインテリア」といのは、チームビルディング研修でよく使用される演習です。それぞれの詳細は割愛しますが、いずれもインターネットで情報収集可能ですので、概要等を知りたい場合は一度リサーチしてみてください。

その他、チームビルディング研修を実施するにあたってのポイントとしては、〝仲が良い〟と〝チーム力がある〟の違いを受講者に理解させる」といった点が挙げられます。社員同士の仲が良いために、なおざりな部分が多々発生し、結果的には組織としての生産性が低下しているケースもよくあります。研修にあたり、事前に社員意識調査を実施しておくのも良いでしょう。

⑴能力開発関連③　「チームビルディング研修」の実施

●高い成果を継続的に創出できる組織の構築を目指して，社員間の連携を付加価値向上につなげていくためのスキルを身につけさせる。
●上記の結果，個人だけでなく組織レベルでの生産性向上にもつながっていくことが期待できる。

■「チームビルディング研修」のプログラムイメージと研修ポイント

◆チームビルディング研修　プログラム◆

【1】チーム力とは何か？
・「チーム力」が高い組織とは，どのような状態を指すのか
・自らが属している身近な「チーム」の組織力をチェックしてみる
【2】チーム力を高めるためにメンバーに求められる要素
・まずは，チーム内のメンバーに自らの特徴や強み／弱みを知ってもらう
・コミュニケーションを通じてメンバーとの関係性を構築する
【3】チーム力向上の“カギ”を握っているリーダーの役割
・チーム力を高めるためにリーダーに求められていることとは
・リーダーにも様々なタイプがある～近年の理想のリーダー像～
【4】チーム力を高めるための具体的な取り組み（体験型演習）
・チーム力向上の体験型演習①…「マシュマロチャレンジ」
・チーム力向上の体験型演習②…「ドミノインテリア」
【5】「チーム力」と「組織の生産性」の関係
・「個人の生産性」は必ずしも「組織の生産性」を担保するものではない
・チームにおける「組織の生産性」を継続的に高めていくためのポイント

チームビルディング研修の実施ポイント（**※生産性向上の観点**）

個人だけでなく組織の生産性にも目を向けさせる	✓会社の生産性を高めていくためには，１人ひとりの社員が自らの業務を効率的／能率的に推進していくことが第一義的に求められている。しかしながら，チーム力がないと，組織レベルで非効率性が発生している恐れがある。
“仲が良い”と“チーム力がある”の違いを理解させる	✓社員間の関係性が良好であったとしても，必ずしもそれが「組織としての能力」につながっているとは限らない。組織の生産性の面でも，仲が良いために適切な改革等が実施されず，効率性を低下させている可能性もある。

44 中高齢社員の活性化につながる「リカレント教育」の実施

周知のとおり、日本社会では高齢化が急速なスピードで進んでおり、数十年後には平均寿命が１００歳を超えるとも言われています。ここ最近では、「人生１００年時代」というフレーズを耳にする機会も増えています。政府においても、平成29年に「人生１００年時代構想会議」を立ち上げ、超高齢化社会を迎えるにあたっての社会・経済システムのあり方やそれを支える政策等について、定期的に検討を行っています。

企業においても、かつては定年年齢が55歳でしたが、現在はすでに60歳となっており、また65歳までの継続雇用義務化も進められています。人生１００年時代が想定される中では、社会保障費の抑制や人手不足への対応といった観点から、将来的には65歳定年の義務化や、70歳までの継続雇用義務化が法制化される可能性も十分に考えられます。したがって、これからの日本企業にはそこまで見据えた対応が求められることになるでしょう。

このページで取り上げる「リカレント教育」というのは、平均寿命や雇用義務年齢の延伸が予想される中で、中高年の社員をターゲットとして実施する「学び直し」を指す言葉になります。これまでであれば、同じ会社の中で同じ仕事に就いていても、60歳、65歳まで継続的に働くことに大きな支障はありませんでした。しかしながら、これからの世の中では、就労期間は延びていくものの、一方で産業構造は急激に変化していきます。したがって、数十年もの間、同じ仕事を続けていくのは、必然的に難しくなっていくでしょう。そこで、キャリアの中盤にある40代の社員に対して、次の20年に向けたキャリアチェンジを促す方法として、この「リカレント教育」が注目を浴びているのです。

本書のテーマである生産性向上との関係ですが、1つには、組織の管理業務に就かず、専門性の向上にも天井が見え始めた中高年の社員に対して、このリカレント教育を通じて、より付加価値の高い仕事への転換を支援することが可能になります。また、将来的に業務の縮小が想定される仕事に従事する中高齢社員に対しても、同様の転換を促す効果が期待できます。

⑴能力開発関連④　「リカレント教育」の実施

●リカレント教育とは，中高年の社員（およそ40歳以上）に，それまでとは異なる事業／職務分野での知識・スキルを新たに習得してもらうこと。
●年功制度の下，職務と賃金のバランスが悪化した社員の活用（生産性向上）にもつながる。

■「リカレント教育」の必要性と具体的な実施方法

「リカレント教育」とは…　※資料出所『文部科学省ホームページ』より引用(抜粋・要約)

・リカレント教育という用語は，OECDで注目され，1970年代に教育政策論として各国に普及。OECDは1973年に「リカレント教育～生涯学習のための戦略～」という報告書をまとめ，リカレント教育の概念を明らかにしている。
・上記の報告書によれば，リカレント教育は生涯学習を実現するために行われる義務教育以後の包括的な教育戦略であり，その特徴は，青少年期という人生の初期に集中していた教育を，個人の全生涯にわたって労働／余暇など他の諸活動と交互に行う形で分散されることにあるとされる。

「リカレント教育」の具体的実施方法

【大学関連】　・社会人入学制度　・社会人特別選抜　・科目等履修生　・専門職大学院　・サテライトキャンパス　・公開講座　など

【非大学関連】　・通信教育　・資格取得支援　・社内配置転換　・副業認可　・他社出向制度　など

リカレント教育の必要性が叫ばれている背景

人生100年時代
65歳（70歳）を超える就業
【"学び直し"の必要性】
急激な産業構造の変化
介護をしながらの就業

●終身雇用制度や年功序列制度の衰退
●労働市場（転職市場）の漸次的な発展

リカレント教育と生産性向上の関係

▶非ライン管理職で能力の伸長が頭打ちになった社員を，より伸びしろのある新しい職務に就かせる
▶社内の衰退事業や縮小業務についている中高齢社員を，新しい職種に転換させる

45 社員の〝多能工化〟を進めるための「職種別スキルマップ」の作成・活用

能力開発関連の生産性向上施策について、5つ目に紹介するのは「職種別スキルマップ」です。スキルマップというのは、仕事を遂行する上で必要となる知識やスキルについて、職種や階層ごとに具体的な内容を洗い出し、一覧化したものになります。人事制度における能力評価・指標よりも、さらに具体的かつ詳細なレベルでスキルを抽出した資料であるため、一般的には指導・育成ツールとして作成・使用されるケースが多いでしょう。

会社によって具体的なスキルや知識は異なるため、基本的には会社ごとに作成することになります。なお、IT技術者に求められるスキルに関しては、独立行政法人情報処理推進機構（IPA）が、かつてであれば「ITスキル標準（ITSS）」、現在であれば「i コンピテンシ ディクショナリ（iCD）」というスキル一覧表を作成・公開しています。このため、IT企業でスキルマップを作成する場合には、これらを指針・ベースにすることが可能となっています。

自社オリジナルの職種別スキルマップを作成するには、やはりかなりの時間と労力がかかります。しかしながら、指導者による育成内容のバラつきを防いだり、自らの能力開発に取り組む社員にとって目指すべきスキルが明確になる、といった育成上の大きな効果があります。最初からすべての職種を対象にしたり、スキルの項目を多数設定しようとすると作成途中で頓挫しかねないので、時間をかけて少しずつ内容を充実させていくといった作成アプローチが現実的と言えるでしょう。

生産性向上の観点では、具体的なスキルマップを活用することにより、社員の「多能工化」を進めやすくなるといったメリットがあります。残業が減らない理由を現場の管理職にヒアリングすると、「同じ社員に仕事が偏ってしまう」といった意見をよく聞きます。その背景には、往々にして「特定の業務は特定の社員しかこなせない」といった状況が存在します。多くの社員がより広範な仕事をこなせるようにしておくことで、仕事の偏りを減らし、その結果として残業時間の削減や組織レベルでの生産性向上につなげていくことが可能になります。

⑴能力開発関連⑤　「職種別スキルマップ」の作成

●社内の各職種について，職務レベルの段階に応じて求められるスキル／知識を具体的に洗い出し，指導・育成ツールとして一覧化する。
●スキルマップを活用することで，社員の多能工化とその結果としての生産性向上が期待できる。

■「職種別スキルマップ」の具体的イメージ

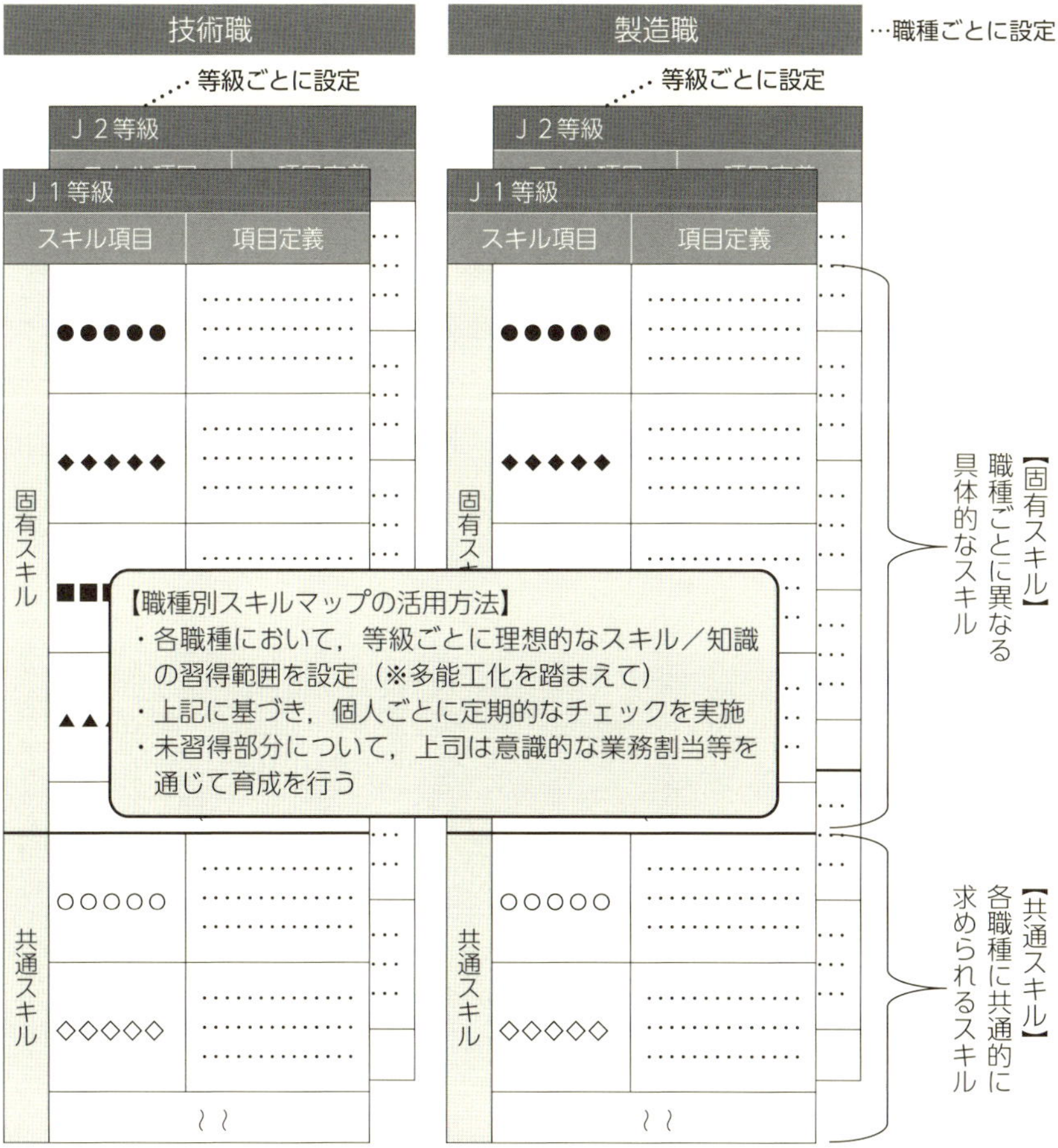

46 経営トップによる「生産性向上への取り組み」に関する訓示

研修・トレーニング関連の生産性向上施策のうち、2つ目の詳細分野は「意識改革関連」になります。生産性や生産性向上に対して、社員が無関心もしくは意識が低い状態のままでは、どのような取り組みも奏功する可能性はほとんどないでしょう。したがって、もし生産性に対する社員の意識面に問題を抱えている場合には、ここまで紹介してきた様々な生産性向上施策よりも、まずはここから紹介する「意識改革関連」の施策を優先的に実施することが必要になります。

この意識改革関連の生産性向上施策についても、5つの具体策を紹介します。まず最初にこのページで取り上げるのが、「経営トップによる訓示」です。これは、生産性向上に向けた様々な取り組みに着手するにあたり、取り組みの目的や社員にとってのメリットなどを、経営トップが自ら社員に語りかける、といった施策になります。この後の第6章でも触れますが、働き方改革や生産性向上といった取り組みが上手く行かない場合、その大きな要因として「経営者が改革や取り組みに強くコミット（関与）していない」という点が挙げられます。現場の管理職や人事担当部門に丸投げをしてしまい、経営者自身は改革に向けて直接的なアクションをほとんど起こしていない、といったケースです。逆に、働き方改革ですでに一定の成果を出している企業というのは、経営トップが強いリーダシップを発揮し、自ら社員を巻き込みながら改革を進めています。他の改革もそうですが、この働き方改革や生産性向上への取り組みについても、経営トップが成功の鍵を握っているのです。

生産性向上への取り組みに関する「経営トップの訓示」について、訓示内容のポイントを左のページにまとめています。いずれも非常に重要なポイントになりますので、少なくともこれら4つの内容は網羅した訓示内容としてください。特に、「①社員にとってのメリット」や「④経営陣の役割」といった内容にまで触れていないケースも結構あるようですが、この2点こそ社員が最も知りたい部分になりますので、経営者が自らの考えを自らの口でしっかりと語れるようにしておいてください。

⑵意識改革関連① 生産性向上への取り組みに関する訓示

●生産性向上への取り組みを具体化し，実際の成果を創出していくためには，社員が前向きな感情／姿勢で取り組むようになることが必要不可欠。
●上記実現に向けて，経営トップがリーダーシップを発揮し，社員の動機づけを図る。

■経営トップによる訓示の必要性と具体的な訓示内容

生産性向上への取り組み
（働き方改革）
を推進するにあたっての
“最大の障壁”

社員の「生産性向上」への意識が低い！

✓仕事の進め方や働き方を変える必要性を理解していない
✓生産性を向上させても，自分（社員）にはメリットがないと思っている
✓いつまでに何をしなければならないか，イメージがつかない…

社員の意識を高めるためには「経営トップ」によるリーダーシップの発揮が必要不可欠

〈経営トップによる具体的な訓示内容～生産性向上への取り組みについて～〉

① 「なぜ」を伝える
⇒会社として生産性向上に取り組む目的や必要性について，一般論ではなく自社固有の内容を整理した上で，社員に伝える

② 「社員にとってのメリット」を伝える
⇒生産性向上に対する社員の自発的な取り組みを引き出すために，取り組みやその成果に対する“アメ”を用意し，社員を動機づける

③ 「ロードマップ」を伝える
⇒会社として，いつまでにどのような取り組みや成果を実現するのか明らかにした上で，時系列の計画表として社員に提示する

④ 「経営陣の役割」を伝える
⇒社員の取り組みを推進／サポートするために，経営陣が担うべき役割やタスクを洗い出し，社員と共にアクションすることを伝える

47 管理職に部下の時間管理の必要性を認識させる「労務管理研修」の実施

続いて、意識改革関連の具体的な生産性向上施策として、2つ目に「労務管理研修」を紹介します。部下のマネジメント責任を担っている管理職に対して、法律面も含めた労務管理の基礎知識や、実際のマネジメントスキル／手法などを身につけてもらうための研修になります。初級管理職向けの研修プログラムに内包されてしまっているケースも多いのですが、この「労務管理研修」の場合には、労務管理の部分だけにフォーカスした研修・トレーニングになります。

これまでの人事コンサルティング経験の中で、顧客企業の現場で起きている問題としてよく出てくるのが「管理職であるにもかかわらず十分なマネジメントを行っていない」という点です。当然、マネジメントの中には「労務面の管理」も含まれます。例えば、働き方改革関連で言うと、上司による適切な仕事の割り振りや部下に対する時間管理ができていないために、部下の残業時間が無秩序に／必要以上に多くなってしまっている、といったケースなどです。課長クラスの管理職の場合、いわゆるプレイングマネージャーとしての役割を任されている社員も多いため、「マネジメントの必要性は理解しているが、そこまで手が回らない」といった、やむを得ない理由もあるかと思います。しかしながら、色々と話を聞いていると、そもそも、管理職自身の中に「マネジメントや労務管理」といった役割意識が欠如しているケースも、残念ながら少なくありません。

左のページに掲載した「労務管理研修」のプログラムの一例では、知識や手法といったテクニカルな部分の習得も当然に目的としています。ただそれだけでなく、「部下の生産性を上げるためには、上司の労務管理が鍵になる」ということを、受講者1人ひとりに深く意識づけることも、本研修における重要な目的です。そのためのプログラムが、【2】【4】【5】といった部分になります。あくまでも筆者の個人的な認識・見解にはなりますが、管理職が生産性向上の意識を持って、しっかりと労務管理を行うようになるだけで、世の中の残業時間は劇的に減るのではないかと考えます。

⑵意識改革関連②　「労務管理研修」の実施

●生産性向上への取り組みをリードする役割を担っている管理職に対して，労務管理の基礎／基本や実践的な手法等を学習・検討させるための研修。
●当該研修では，知識／スキルの習得だけでなく，管理職への意識づけも併せて実施する。

■「労務管理研修」のプログラムイメージと研修ポイント

◆労務管理研修　プログラム◆

【1】労働時間や生産性向上に関する昨今の社会情勢
・この数年間で摘発された労働時間関連の事案（業種，摘発事由）
・労働生産性の向上に向けた各企業の具体的な取り組み事例
【2】生産性向上における「管理職の役割」とは？
・「自主性を尊重する」と「放置・放任する」とでは，大きな違いがある
・管理者が労務管理を怠ると，生産性向上にどのような支障をきたすか？
【3】まずは労働法規の要点を理解する
・労働基準法における労働時間関連のポイント，留意点
・労働時間関連の通達やガイドラインの内容，ポイント，留意点
【4】労務管理を通じて生産性を向上させるための具体的手法
・まずは部下の仕事内容／仕事の進め方を上司が十分に理解する
・社員１人ひとりの能力的特性や性格的特性に合った管理を適用する
【5】労務管理に関するケーススタディ（事例演習）
・事例①…働き方の見直しに否定的な社員をどうマネジメントするか？
・事例②…仕事の進め方が遅い社員をどのように育成するか？

労務管理研修の実施ポイント（**※生産性向上の観点**）

管理職の意識が部下にも影響することを理解させる	✓部下を束ねる管理職自身が，生産性向上や働き方改革の取り組みに対して後ろ向きであると，当然，その姿勢は部下にも伝播し，悪影響を与える。成功のカギは管理職が握っていると言っても過言ではない。
演習を通じて実践的なマネジメント法を学習させる	✓労働法規や労務管理の基礎／基本を理解させることは大前提であるものの，実効性のある研修とするためには，ケーススタディを使ったグループワーク等を通じて，参加者に具体的な検討をさせることが必要。

48 仕事偏重からの意識改革を促す「ワークライフバランス研修」の実施

意識改革関連の生産性向上施策について、3つ目は「ワークライフバランス研修」になります。具体的には、ワークライフバランス（仕事と生活の調和）を実現させるため、社員1人ひとりの労働生産性に関する意識を高め、結果として組織全体の意識改革にまでつなげていくことを目的とした研修になります。

ワークライフバランスの考え方が日本で注目を集めるようになったのは、2000年代後半頃からです。長時間労働や少子化といった問題の解決に向けて、「プライベートよりも仕事を重視する」ことを美徳としがちな日本人の志向を変えていくために、ワークライフバランスという考え方が積極的に提唱されるようになりました。

「ワークライフバランス研修」についても、その中身としては様々なものがあります。ワークライフバランスそのものに、何か特定の手法や方法論が結びついているわけではないため、研修の目的をどこに据えるかによってプログラムの中身も大きく変わってきます。左のページに掲載したプログラムの一例は、ワークライフバランスと生産性向上を絡めた場合のコンテンツになります。研修を通じて、ライフ（プライベート）を充実させるためには、ワーク（仕事）の効率化が不可避であるということを受講者に理解してもらうことが、第一義的な研修目的になります。

生産性向上を目的としてこのワークライフバランス研修を実施する場合、ポイントは2つあります。1つは、会社がワークライフバランスを推進する目的を、社員に齟齬なく理解させることです。「プライベートを充実させる」という点だけに社員の意識が向かってしまうと、単に仕事への意識が低くなってしまう恐れがあります。これでは、生産性の向上どころか、期待している質・量のレベルで仕事が遂行されなくなってしまいます。もう1つのポイントは、研修を通じて、受講者1人ひとりに具体的なアクションまで考えさせるという点です。ワークライフバランスというのは、それ自体はあくまでも考え方に過ぎないため、その必要性等を理解させるだけでは、研修としての実効性が期待できないからです。

⑵意識改革関連③　「ワークライフバランス研修」の実施

●「ワークライフバランンス」と「生産性向上」の関係性を理解させた上で，実現に向けた具体的なアプローチや方法などを学習・検討させるための研修。
●仕事偏重の働き方を是正／改善させることで，効率的な業務遂行の実現が期待される。

■「ワークライフバランス研修」のプログラムイメージと研修ポイント

◆ワークライフバランス研修　プログラム◆

【1】ワークライフバランス（WLB）とは何か？
・「ワークライフバランス」の一般的な定義と基本的な考え方／捉え方
・ワークライフバランスが求められるようになった社会的背景
【2】ワークライフバランスを実現させるために必要なポイント
・「ライフ」の視点…人生計画や私生活での取り組みなどを明確にする
・「ワーク」の視点…自らの志向に基づき，キャリアデザインを明確にする
【3】ワークライフバランスと労働生産性の関係について
・「ライフの充実」を起点として「生産性の向上」を実現させるアプローチ
・「生産性の向上」を通じて「ライフの充実」を実現させるアプローチ
【4】ワークライフバランスを実現させるための取り組み～ワークの変革～
・「業務改革／改善」を通じた労働時間の削減方法とは？
・「働き方」の見直しを通じた労働時間の削減方法とは？
【5】今後の具体的なアクションの設定
・WLB実現のために個人で実施する業務改善を設定（個人ワーク）
・会社が取り入れるべきWLB推進施策を検討（グループワーク）

ワークライフバランス研修の実施実施ポイント（**※生産性向上の観点**）

ワークライフバランスの推進目的を正しく理解させる	✓WLBの推進目的には，個人のプライベート時間を尊重するという点も含まれるものの，一方で会社としてはWLBの推進を通じて生産性の向上を目指しているという点についても，社員にしっかりと理解させることが必要。
研修内で，具体的な計画や施策まで落とし込む	✓研修受講後，受講者がWLBや生産性向上への取り組みを自律的に推進していくようになることが必要であるため，研修内では個人ワークやグループワークを通じて具体的な計画／施策まで落とし込ませる。

49 日々の労働時間短縮を積み重ねていく「15分アクション」の展開

このページで取り上げる意識改革関連の生産性向上施策については、いわゆる研修の類に属するものではありません。日々の労働時間を少しずつ短くしていくための実践的な手法になります。具体的には「15分アクション」という施策です。これは、これまで当たり前のように実施してきた仕事の進め方や働き方を少し改善／見直すことで、1日当たり数分～数十分程度の労働時間短縮を実現させる、といったアプローチになります。したがって、名称の「15分」というのはあくまでも目安時間でしかありません。また、広く世間にこのような名称で認知・実施されている施策というわけではなく、生産性向上施策の1つとして筆者が考えたアプローチになります。

生産性を飛躍的に向上させようと思えば、大胆なリストラクチャリングや業務のリエンジニアリングなどが必要になります。しかしながら、これらの取り組みには時間もコストもかかるため、簡単に実施できるわけではありません。それに対して、この「15分アクション」の場合は、生産性を大幅に引き上げることは無理ですが、いずれも小さな改善／見直しのレベルであるため、すぐにでも実践できる取り組みになります。また、日常的に改善や見直しを実践させることを通じて、社員に対して生産性向上への意識を継続的に根づかせるといった効果も期待できます。

この「15分アクション」に、具体的にどのような実行策が含まれるのかということですが、そのイメージを左のページに掲載しています。いずれも日々の業務遂行の中では見落とされやすいものの、実は非生産的になりがちな部分になります。ここで掲載したものはあくまでも一例であり、会社や仕事内容などによって具体的な実行策は異なります。アクション一覧表の策定にあたっては、広く社員の意見を聞きながら具体策を洗い出していくことが望ましいでしょう。

15分アクションの一覧表が作成できれば、それを社内で展開していくことになります。なお、どの施策がどの程度の効果を上げているかを定期的に検証し、適宜、内容の見直しや施策の入れ換えを行うことも必要です。

⑵意識改革関連④　「15分アクション」の展開

●作業方法や働き方の一部を少しだけ見直すことにより，１日当たりで数分～数十分の時間短縮につながる施策を一覧化しておく。
●当該施策を継続的に実践することにより，月単位では数時間の時間短縮が期待できる。

■「15分アクション」の概要と施策一覧

「15分アクション」とは…
▶日々の仕事の進め方や働き方等について，少しの改善／見直しを積み重ねていき，１日当たり15分程度（※目安）の労働時間削減につなげる。
▶１日15分の削減でも，１カ月では５時間の削減につながる。

【「15分アクション」の導入効果】
■日々のアクション自体は，それほど社員に負荷がかかるものではないため，社員が抵抗感なく着手しやすい。
■日々の改善／見直しを定着化させることにより，生産性向上への継続的な意識を根づかせることができる。

〈「15分アクション」施策一覧表〉　※イメージ

■PC操作
●PC操作において，ショートカットキーを使い作業時間の短縮化につなげる。
●作業ファイルは定期的に自らバックアップを取り，想定外のデータ損失に備える。
…

■コピー機／印刷機操作
●無用なコピーや印刷をできるだけ避け，その時間を実作業時間に充当する。
●よくあるトラブルへの対処方法を理解しておき，迅速に対応できるようにしておく。
…

■書類管理
●書類は業務ごと／顧客ごとなどに整理しておき，探索の効率化につなげる。
●使用頻度によって書類の保管場所を分けておく。…

15分アクションの展開方法

【ステップ１】
✓上記の施策一覧表の実施マニュアルを全社員に配布。（説明会実施も検討）
【ステップ２】
✓実施マニュアルに基づき，各人は定期的に実践状況をチェックする。
【ステップ３】
✓上記のチェック結果を人事等で回収し，効果性の検証と内容見直しを行う。
（※以降，上記の繰り返し）

50 生産性を重視する組織文化の定着を促す「組織風土改革研修」の実施

意識改革関連の生産性向上施策として最後に紹介するのは、「組織風土改革研修」です。組織風土と一口に言っても、その捉え方には色々あり、それによって研修の内容も異なってきます。本書では生産性向上がテーマであるため、「個人としての能率性や組織としての効率性を重視するような職場づくりに社員が前向きになり、自発的に取り組みを実行・推進できる組織風土」として定義するものとします。

ある会社において、その構成員である社員の多くについて、生産性向上への意識が低い状態にある場合、それは個々人の問題というよりも「組織」としての風土に問題がある可能性が高いと言えます。例えば、会社の文化として、「遅くまで働く社員が頑張っているとみなされる」という考え方が、社内に広く浸透しているようなケースです。このような会社に入社すると、入社時点ではそのような考え方を持ってない社員であっても、1年、3年、5年と勤続年数を重ねていく中で、無自覚のうちにそのような考え方に染まってしまいます。良くも悪くも、組織風土というのは個人の意識や価値観に大きな影響を与えるのです。

組織風土は「組織の価値観」と言い換えることもできます。先述したように、個人の価値観は簡単には変わりません。同じように、もしくはそれ以上に、組織の価値観（＝組織風土）を変えていくのは、非常にハードルが高い取り組みになります。したがって、短期的に効果を求めるのではなく、中期的な時間軸の中で、腰を据えて取り組みを進めていくというスタンスが必要になります。このため、組織風土改革研修についても、数年間にまたがるプログラムを設定し実施してくことが望ましいでしょう。左のページに掲載した研修プログラムの一例は、そのファーストステップとして実施する場合のコンテンツイメージになります。

また、生産性向上を目的とした組織風土改革研修を実施する場合には、自社における「組織風土と生産性向上意識の関係性」をあらかじめ分析しておき、その結果に基づき研修プログラムを設定することが必要です。

⑵意識改革関連⑤　「組織風土改革研修」の実施

●「個人としての能率性や組織としての効率性を重視する職場づくり」に前向きになり，具体的な取り組みを実行・推進できる組織風土の定着化を促すための研修。
●「組織風土」の性質上，中期的な時間軸で研修を実施していくことが必要。

■「組織風土改革研修」のプログラムイメージと研修ポイント

◆組織風土改革研修　プログラム◆

【1】企業における「組織風土」とは何か？
・「組織風土」に関する一般的な定義と捉え方
・「組織風土」の形成に影響を与える要因の種類とその内容
【2】生産性の捉え方（定義）とその構成要因
・企業における生産性の定義を理解する～労働生産性と資本生産性～
・労働生産性に影響を与える様々な要因～組織・人事の側面～
【3】自律的に生産性向上への取り組みを実践する組織とは？
・組織の生産性向上を持続的に実現するには，「組織の風土」が鍵となる
・持続的な生産性向上を実現している企業の事例
【4】組織風土を変えていくための方法とプロセス
・１人ひとりの社員（＝「個人」）を軸とした風土改革の方法，プロセス
・チームや部署（＝「組織」）を軸とした風土改革の方法，プロセス
【5】次回の研修までの取り組み事項の洗い出し
・「個人」を軸にした風土改革の取り組み事項の設定（個人ワーク）
・「組織」を軸にした風土改革の取り組み事項の設定（グループワーク）

※左記プログラムは，中期的に複数回の研修を実施する場合，その最初に実施するパターン。

組織風土改革研修の実施ポイント（※生産性向上の観点）

組織風土と生産性向上意識の関係を分析する	✓組織風土は複合的な要因で構成されており，その中で何が社員の生産性向上意識に負の影響を与えているかを，まずは特定する。その上で，その部分の改革に焦点を絞った研修プログラムを設定することになる。
中期的な時間軸で複数回のプログラムを設定する	✓生産性向上への取り組みが自律的に回っていく組織風土への変革には，当然に時間がかかる。したがって，２～３年の中で複数回の研修プログラムを設定し，取り組み状況を確認しながら中期的に実施することが望ましい。

生産性向上の好循環サイクルとは？

第5章の最後では、これまで紹介してきた施策に関する総括の話をしておきたいと思います。

生産性向上を目的とした取り組み施策については、生産性の定義で整理すると、「付加価値（アウトプット）を増加させる施策」と「労働時間（インプット）を低減させる施策」に大別することができます。しかしながら、本書で実際に紹介した施策のほとんどは、後者の「労働時間の短縮」に該当します。なお、無駄なアウトプットを削減するという取り組みも、実際にはその結果として労働時間（インプット）を削減することで、生産性向上につなげていくため、厳密には「労働時間を低減させる施策」に含まれます。また、第1章で紹介したように、厚生労働省のホームページで取り上げられている働き方改革の企業事例についても、その多くは「労働時間の短縮」に関するものになっています。

このように、「人」の側面から生産性向上に向けた取り組みを行う場合には、自ずから「労働時間の削減・短縮」に関する施策が多くなります。これは、日本企業や日本人については、労働時間の部分で改善余地が大きいというのが1つの理由です。もう1つは、より単純な理由として、「付加価値の向上」につながる施策というのは簡単には見出しづらいからです。

したがって、生産性向上にこれから取り組まれる場合には、まずは様々な施策がある「労働時間の短縮」から着手することが、現実的なアプローチと言えます。しかしながら、それだけで終わってしまうと、生産性向上への取り組みとしては道半ばであり、おそらく諸外国のような生産性を実現させることは難しいでしょう。最終的には、単に労働時間の短縮といったインプットの低減だけでなく、付加価値向上につながるアウトプットの増加にまで取り組むことが必要になってきます。

理想的な進め方としては、まずはできるだけ無駄な労働時間を削減し、効率的な働き方を実現させることから取り組みを始めます。その後、次のステップとして、削減で浮いた時間を、付加価値向上に向けて有効的に活用していく流れになります。

「労働時間短縮⇒付加価値の向上」のサイクル

●生産性向上への取り組みは，当初の段階では「労働時間の短縮」関連の施策が着手しやすい。
●上記施策の実施後，新たに生まれた時間を有効活用することで，「付加価値向上の取り組み」につなげていくというサイクルが，理想的かつ現実的。

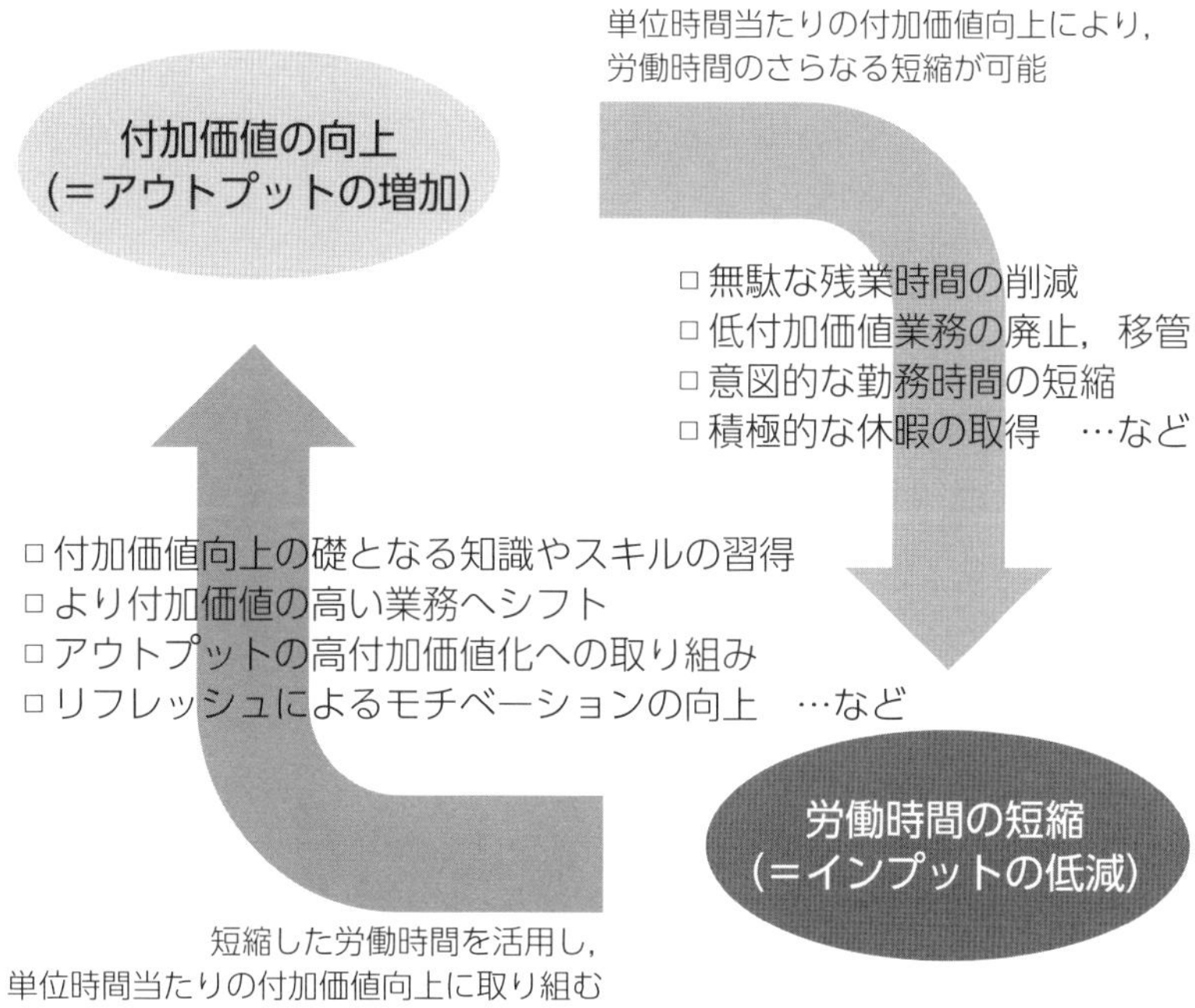
単位時間当たりの付加価値向上により，
労働時間のさらなる短縮が可能
付加価値の向上
(=アウトプットの増加)
□無駄な残業時間の削減
□低付加価値業務の廃止，移管
□意図的な勤務時間の短縮
□積極的な休暇の取得　…など
□付加価値向上の礎となる知識やスキルの習得
□より付加価値の高い業務へシフト
□アウトプットの高付加価値化への取り組み
□リフレッシュによるモチベーションの向上　…など
労働時間の短縮
(=インプットの低減)
短縮した労働時間を活用し，
単位時間当たりの付加価値向上に取り組む

第6章

生産性向上への取り組みに失敗しないために

生産性向上への取り組みは〝総論〟だけに留まりがち〈1つ目の壁〉

最終章である第6章では、生産性向上への取り組みをこれから進めていくにあたり、留意しておくべきポイントについていくつか触れておきます。

ここ数年、日本企業や日本人に対する「生産性向上」の必要性が、様々なシーンで語られるようになっています。新聞や雑誌などのメディアにおいて、「生産性向上」という言葉が〝取り上げられない〟日のほうが少ないのではないでしょうか。過去を振り返っても、ここまで生産性向上の必要性が叫ばれた時代はなかったかと思います。実際、『企業として生き残りを図るには、生産性向上が必要!』『今後の企業経営の成否は、生産性向上にかかっている!』『生産性向上を実現しなければ、企業経営が成り立たない!』…といったフレーズを耳にする機会が日に日に増えています。

「生産性の向上」については、その具体的な中身を十分に理解していない人であっても、それが今後の日本経済や日本企業にとって必要不可欠なものであり、少なくとも反対すべきことではないと考えている方がほとんどでしょう。

したがって、もし自分の勤める会社が、今後の経営計画の中で「生産性向上」を取り上げたとしても、それだけをもって反対する社員は皆無のはずです。要は、だれにとっても、この「生産性向上」というのは、〝総論〟では賛成できるテーマなのです。

しかしながら、実際に取り組みを進めていこうとすると、多くの企業が〝各論〟の段階で最初の壁にぶつかります。ここで言う〝各論〟とは、左のページにも掲載したように、生産性向上に取り組む「目的」、取り組みを通じて最終的に実現したい「ゴール」、そして具体的なアクションとしての「手段（施策）」といった3つのテーマになります。これらについて、実行性と実効性の両面を考慮しながら具体的な検討を行うことで、取り組みは前に進んでいきます。ただ現実には、そこまでの深い議論に至らない、もしくは議論の途中でシュリンクしてしまうというケースが数多くあります。「生産性向上を目指そう」という総論だけでは、取り組みが前に進むことはありません。

取り組みの実効性を高めるには「各論」での検討が必要

●生産性向上への取り組みは，総論ベースでは反対の声はほとんど出ない。
●しかしながら現状では，「各論」まで話が進まない，もしくは「各論」で議論がストップしてしまケースも多いと推察される。

最近よく耳にするフレーズ

『企業として生き残りを図るには，**生産性向上**が必要！』

『今後の企業経営の成否は，**生産性向上**にかかっている！』

『**生産性向上**を実現しなければ，企業経営が成り立たない！』

総論では多くの人が賛成

「生産性向上」という言葉自体に反対をする人はほとんどいない

（例）テレビや新聞等でこの言葉を耳にしたり目にしても，その言葉だけをもって違和感を抱く人はいないはず

実際に取り組みを進めていくには，少なくとも以下の「各論」について具体的な検討が必要

目的	自社において，どのような目的を実現させるために「生産性向上」に取り組むのか？
ゴール	上記目的の実現に向けて，最終的に目指すべきゴール（具体的な到達点）とは？
手段	上記の目的やゴールの実現・達成に向けて，具体的に取るべき施策・アプローチとは？

なぜ生産性向上への取り組みは上手く行かないのか？〈2つ目の壁〉

生産性向上への取り組みについて、総論だけにとどまらず、各論の議論にまで至り、かつ着手すべき施策を導き出すことができれば、1つ目の壁はクリアできたことになります。しかしながら、施策を実行する段階において、2つ目の壁にぶつかるケースも少なくありません。すなわち、生産性向上に向けて実際に取り組むべき施策は決定することができたものの、いざそれを実行してみると、途中で頓挫してしまったり、想定していたような成果が実現できない、といった状況です。

前述したように、生産性向上に関する具体的な取り組みについては、実際には「労働時間（インプット）の短縮」に関連した施策が圧倒的に多くなっています。これは、いわゆる「働き方改革」ということになります。この働き方改革については、多くの企業がすでに様々な取り組みを行っており、顕著な成果を出すまでに至った企業もありますが、各種調査などを見る限り、取り組みが上手く行っていない企業もかなり多いようです。

具体的な施策までは決定したものの、実行段階で上手くいかなくなってしまう理由について、左のページにまとめました。1つ目の「目的・ゴールが曖昧」という点については、第4章の冒頭で解説したとおりです。目指すべき方向性や着地点が曖昧だと、途中でシュリンクしてしまったり、本来的に目指したかった成果が実現できない可能性は、必然的に高くなります。

4つ目の「トップによる意識づけが不十分」についてですが、社員は経営者が本気で改革に取り組もうとしているのかを、よく見ています。もし経営者のコミットメントが弱いと、社員は「会社にとってその程度の取り組みだな」と理解し、真剣に取り組もうとする動機が薄れてしまいます。一部の大手企業が働き方改革で成功していますが、共通しているのはトップが中心となって改革を進めているという点です。

5つ目の「社員心理への配慮が不十分」という点も、取り組みが上手くいかない企業でよく見られる原因です。これについては、次のページで具体的な解説を行っています。

生産性向上への取り組みが失敗に終わる理由

●具体的な取り組みまで着手できたとしても，以下のような理由により，生産性向上へのアプローチや施策が上手く行かない，もしくは途中で頓挫してしまうケースがある。

取り組みが上手く行かない理由

目的・ゴールが曖昧	▼根本的な取り組みの目的や，その結果としての目指すべき着地点が曖昧だと，実行段階で取り組みが形骸化しやすい。
実施計画が不十分	▼具体的な取り組み施策を設定し実行に移したとしても，プロセスと成果に関する実施計画が不十分だと，途中でシュリンクしやすい。
懸念点への対策が不十分	▼どのような施策であってもデメリットや懸念点があるため，あらかじめ対策を想定しておかないと，実施の途中で頓挫しやすい。
トップによる意識づけが不十分	▼社員を巻き込みながら具体的な取り組みを継続的に進めていく上では，トップが目的・狙いについて熱意をもって語ることが不可欠。
社員心理への配慮が不十分	▼生産性向上への取り組みが，「目的は崇高」「施策は合理的」であったとしても，社員心理に配慮しないと反発を買う恐れがある。

生産性向上に向けた取り組みの〝落とし穴〟〈社員の不満・反感が最大のネック〉

このページでは、取り組みが上手くいかない理由の1つである「社員心理への配慮が不十分」という点について、詳しく解説を行います。この点については、働き方改革に関して、最近よく耳にするケースになります。要は、会社側の考えだけで取り組みを進めてしまい、社員が置き去りにされてしまっているパターンです。

社員の行動が実際に変わらなければ、労働生産性を引き上げることはできません。なぜなら、労働生産性の算式における「アウトプット」を生み出すのは社員であり、また「インプット」は社員（または社員が働いた時間）そのものだからです。生産性向上の目的が崇高であり、そのために導き出された施策が合理的なものであったとしても、取り組みの成否は最終的には1人ひとりの社員にかかっています。したがって、社員の感情的な側面を考慮しないまま経営者や人事部が理屈ベースで改革を進めてしまうと、思わぬ落とし穴に陥ってしまうことがあります。その具体例を左のページに掲載しました。

例えば、「落とし穴①」について。長時間労働が常態化している企業において、その削減の手段として、人事評価に「残業時間の削減目標」を導入するというのは、よくあるケースです。実際、社員に残業削減を意識した働き方を促すという意味では、当該施策は一定の効果を期待できます。しかしながら、もし当該施策を導入した企業が「仕事量の割には人手が足りない」といった状況にある場合、おそらくその施策の効果が表れる前に、社員の不満や反感を買ってしまう可能性が高いでしょう。なぜなら、多くの社員は「仕事が多いからやむなく残業しているのであって、好きで残業しているわけではない」と感じているからです。いったんそのような状況に陥ってしまうと、そこから挽回するのは容易ではありません。この会社の場合、本来最初に取り組むべきアプローチは、受注抑制や社員の増員、業務改革による業務削減といった施策になるでしょう。

これから取り組みに着手される場合には、社員の感情面に配慮しながら、上手く巻き込んでいくような進め方を模索してください。

生産性向上への取り組みに対する社員の不満・反感

●生産性向上への取り組みを進めていくにあたっては，「社員の反応」を考慮しながら進めていかないと，以下のような“落とし穴”に陥ってしまう恐れがあるため，注意が必要。

落とし穴①

✓業務量が多い中で，安易に残業時間の削減目標を設定し，当該目標の達成度合いを人事評価に反映する仕組みを入れたため，社員の反発を買った（⇒「まずは仕事量を減らせ」という不満）

落とし穴②

✓裁量労働制によって労働時間の長時間化が常態となっていたため，みなし労働を撤廃し実労働時間制に変更したものの，社員の反発を買った（⇒「時間管理されると柔軟に働けない」という不満）

落とし穴③

✓「業務の棚卸と見直し」を通じて，社員１人ひとりの担当業務を一部入れ替えた結果，社員の反発を買った（⇒「かえって生産性が下がる」という反発）

社員の感情面にも十分に配慮しながら、
取り組み施策を設定・実行することが大切

どうすれば失敗を防げるのか？〈具体的な対策方法〉

生産性向上の実現に向けて具体的なアプローチを開始したにもかかわらず、取り組みが途中で頓挫してしまったり、もしくは施策は打ったものの期待したような効果がでなかった、といった状況に陥ることを防ぐにはどうすればよいのでしょうか？

具体的な対策方法は、「必須事項」と「付加事項」に大別できます。まず「必須事項」についてですが、これは社内で生産性向上に向けた取り組みに着手する場合、必ず実施すべきアクションです。左のページに記載のとおり、先ほど「生産性向上への取り組みが失敗に終わる理由」として述べた5つの観点への対策になります。これらの項目について十分な対応ができていないと、せっかく取り組みを開始したにもかかわらず、結局は上手くいかない可能性が非常に高くなります。最低限の実施事項になりますので、これらの点についてはあらかじめ十分に押さえた上で、取り組みに着手してください。

もう1つの「付加事項」については、必須事項に加えて考慮・実施するのが望ましいアクションです。取り組みの実効性をできるだけ高めていきたいのであれば、この付加事項まで考慮・実施することが理想です。具体的には左のページに記載した5つの事項になります。

例えば、「全社横断ＰＪによる推進」というのは、人事部だけが中心になって検討・推進を進めるのではなく、社内の様々な部署からメンバーを集めＰＪチームを立ち上げて進めていくということです。個別の部署ごとに生産性の実態は異なるでしょうし、また様々な視点を集めることで多角的に施策を検討することにもつながります。

「社外へのアナウンス」は、施策の実行・展開フェーズに入った段階で、社内だけでなく社外にも取り組みを公表するということです。こうすることにより、取引先の協力を促したり、自社社員のさらなる意識づけ（社外から見られている）につながることが期待できます。

「継続的な取り組み」というのは、途中で上手くいかない部分が発生しても、そこで立ち止まることなく問題を是正しながら前に進めていくというスタンスです。5つの付加事項の中では、これが一番重要かもしれません。

取り組みを成功させるための「必須事項」と「付加事項」

●取り組みが失敗に終わることを回避するには，以下の「必須事項」は最低限の実施事項となる。
●より実効的な取り組みへと導くためには，以下の「付加事項」まで含めて実施することが望ましい。

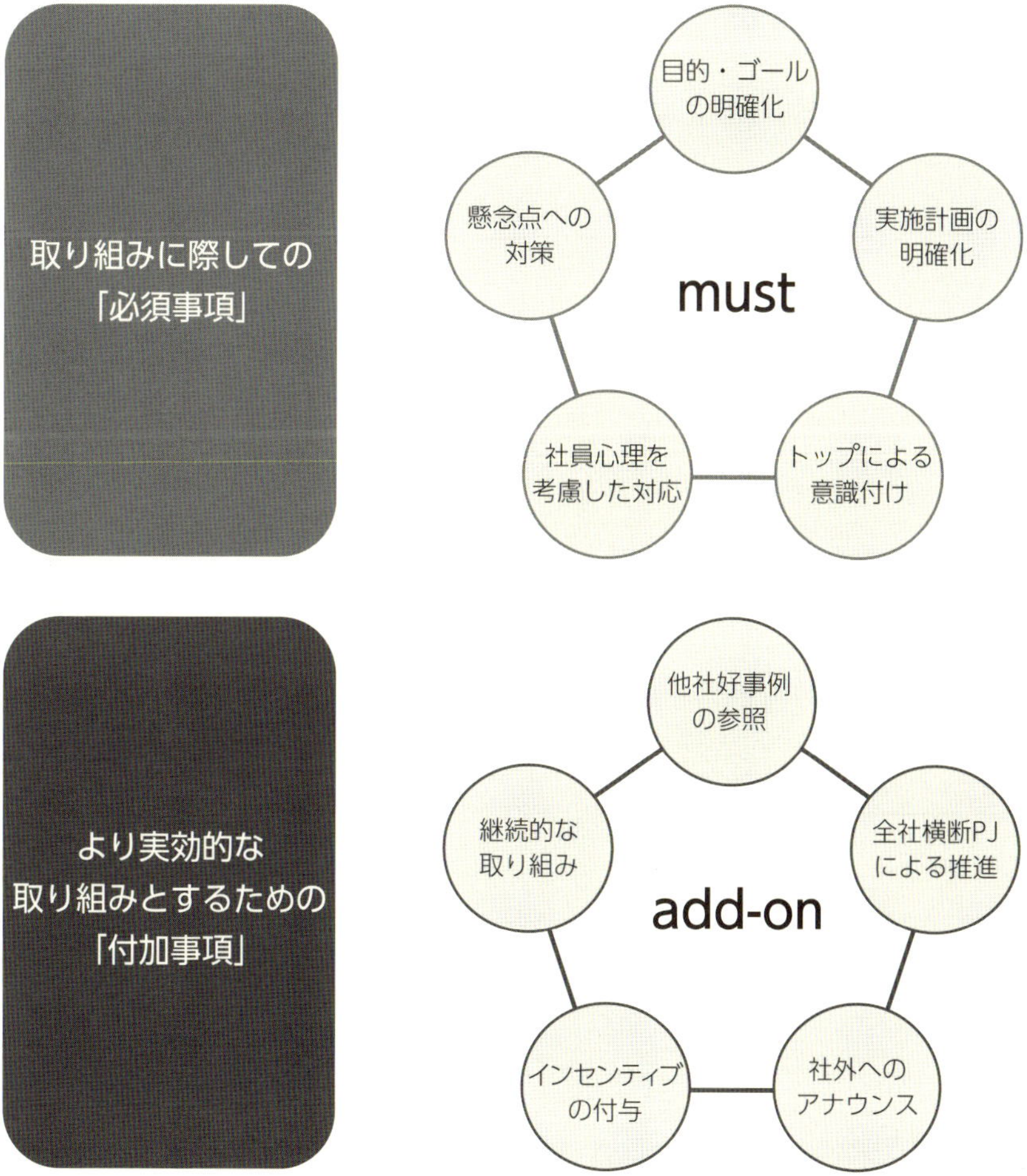

生産性向上への取り組みに関する実施ステップ〈人材マネジメント関連〉

これから生産性向上への取り組みを開始する場合には、まずはどのようなステップやスケジュールで進めていくかを決めることが必要です。すなわち、あらかじめロードマップや実行計画を策定してから、具体的な検討に着手するということです。取り組みが失敗に終わる理由の1つに、「実行計画が不十分」という点も含まれます。したがって、最初の段階で進め方について十分な検討を行い、それを具体的な計画に落とし込んでおくことは、非常に重要なアクションになります。

左のページには、人材マネジメントの観点から、生産性向上への取り組みを進めていく場合の実行計画例を掲載しています。基本的なフレームにはなりますが、必ずしもこのように進めなければならないわけではありません。自社の実状や目標、リソースなどを踏まえた上で、実現可能な計画を立ててください。せっかく計画を立てても、その内容が「絵に描いた餅」になっていると、実際の取り組みも上手くいかなくなってしまいます。

左のページに掲載した基本的な実施ステップは、4つのステージから構成されます。1つ目は「現状分析」フェーズです。これについてはすでに解説したとおりであり、定量分析・定性分析を通じて生産性の実績や影響要因を把握したり、業務分析を通じて業務面の問題点を洗い出すフェーズになります。

2つ目の実施フェーズは「方針策定」です。生産性向上に取り組む会社としての目的、および現状分析フェーズで抽出した生産性の問題点を踏まえた上で、どのような施策を採用するかを決定します。また、各施策の概要についてもこのフェーズで検討しておきます。

第3フェーズの「詳細設計・研修実施」では、施策内容が制度関連の場合は詳細な設計と導入、研修関連の場合はプログラムの決定と研修の実施になります。具体的な施策内容を確定し、実行に移っていく段階になります。

最後の「制度運用・研修フォロー」のフェーズでは、各施策が生産性向上や最終目的にどのような効果をもたらしているかを観測し、必要に応じて施策内容の一部見直し等を行い、継続的なアクションにつなげていきます。

取り組みを推進するための４つの実施ステップ

- 生産性向上への取り組みを推進していくには，具体的な実行計画の策定が必要不可欠。
- 以下は，取り組みに関する基本的な実施ステップであり，自社の実態を踏まえたアレンジが必要。

生産性向上に関する具体的な実施ステップ

現状分析	●生産性に関する定量分析	・直接指標の算出，他社比較 ・間接指標の算出，他社比較
	●生産性に関する定性分析	・社員意識調査 ・社員ヒアリング
	●業務分析	・等級別／部門別の業務内容 ・業務ごとの遂行プロセス
方針策定	●生産性に関する問題点の整理	・分析結果に基づく問題点抽出 ・上記問題点の優先順位づけ
	●問題に対する施策の絞り込み	・複数の施策案の洗い出し ・上記施策のメリット／デメリットの比較
	●施策の概要設定	・実施施策の概要案の検討 ・施策間の整合性等の検証
詳細設計・研修実施	●制度関連の詳細設計	・個別制度ごとの具体案の設計 ・施策実施の効果性シミュレーション
	●研修関連の企画立案	・研修テーマごとのプログラム立案 ・研修実施の効果性シミュレーション
	●制度の導入 ●研修の実施	・制度導入に向けた資料整備 ・研修講師の手配
制度運用・研修フォロー	●生産性に関する継続調査	・定量指標に関する定点観測 ・社員意識に関する定点観測
	●制度運用面のボトルネック解消	・運用過程の問題点の洗い出し ・問題への対策の立案，推進
	●研修実施後の社員フォロー	・研修受講者へのヒアリング ・フォロー策の立案，推進

「人材マネジメント関連」と「業務改革・改善関連」を両輪で進める

本書では、「人」の側面からどのように生産性（労働生産性）の向上に取り組んでいくかを主たるテーマとしています。このため、本書の後半で取り上げた具体的な取り組み施策も、「人材マネジメント関連」に絞った内容となっています。業務面にフォーカスした「業務改革・改善関連」の施策には触れていません。

労働生産性の定義が、「人」によって生み出されるアウトプットと、「人」そのものであるインプットによって構成されている以上、第一義的に「人」をターゲットとしてアプローチや施策を検討するのは、至極当然です。仮に、業務改革・改善を通じて仕事の内容や進め方の無駄を省いたとしても、その仕事に就いている社員の意識や能力、働き方が変わらなければ、付加価値性のあるアウトプットが増えたり、マンパワーであるインプットが減ったり、といった成果は期待しにくいでしょう。

また、欧米人と比べた場合、日本人の働き方やそこに対する意識の部分には、大きな改善余地があります。もちろん、職務定義があいまいな日本企業の場合、仕事そのものにも改善・改革の余地はありますが、一方でかつてであればBPR（ビジネスプロセスリエンジニアリング）、最近であればRPA活用などによって、一定の改革・改善が進められているというのも事実です。対して、日本における働き方の改革はまだまだ緒についたばかりです。そのような意味でも、生産性向上に向けたファーストアプローチとして、まずは人材マネジメント関連の施策から取り組むというのは、理に適っています。

しかしながら、自社の生産性の実態を分析した結果、職務の量や内容、プロセスの部分に大きな問題があるのであれば、業務の改革・改善のアプローチも避けては通れません。社員の意識や能力が高くなったとしても、業務そのものに大きな問題があれば、生産性向上には限界があるからです。また、先ほども述べたように、社員の不満や反感を買ってしまう恐れもあります。そのような場合には、「人材マネジメント関連」の施策だけでなく、業務改革・改善関連」のアプローチも並行的に実施していくことが必要になります。

「人」と「業務」の両側面からアプローチすることが理想

●本書で紹介した具体的な施策は「人材マネジメント関連」が中心。しかしながら，実際に全社的な取り組みを行う際には，必要に応じて「業務改革・改善関連」の施策も並行的に進めていく。

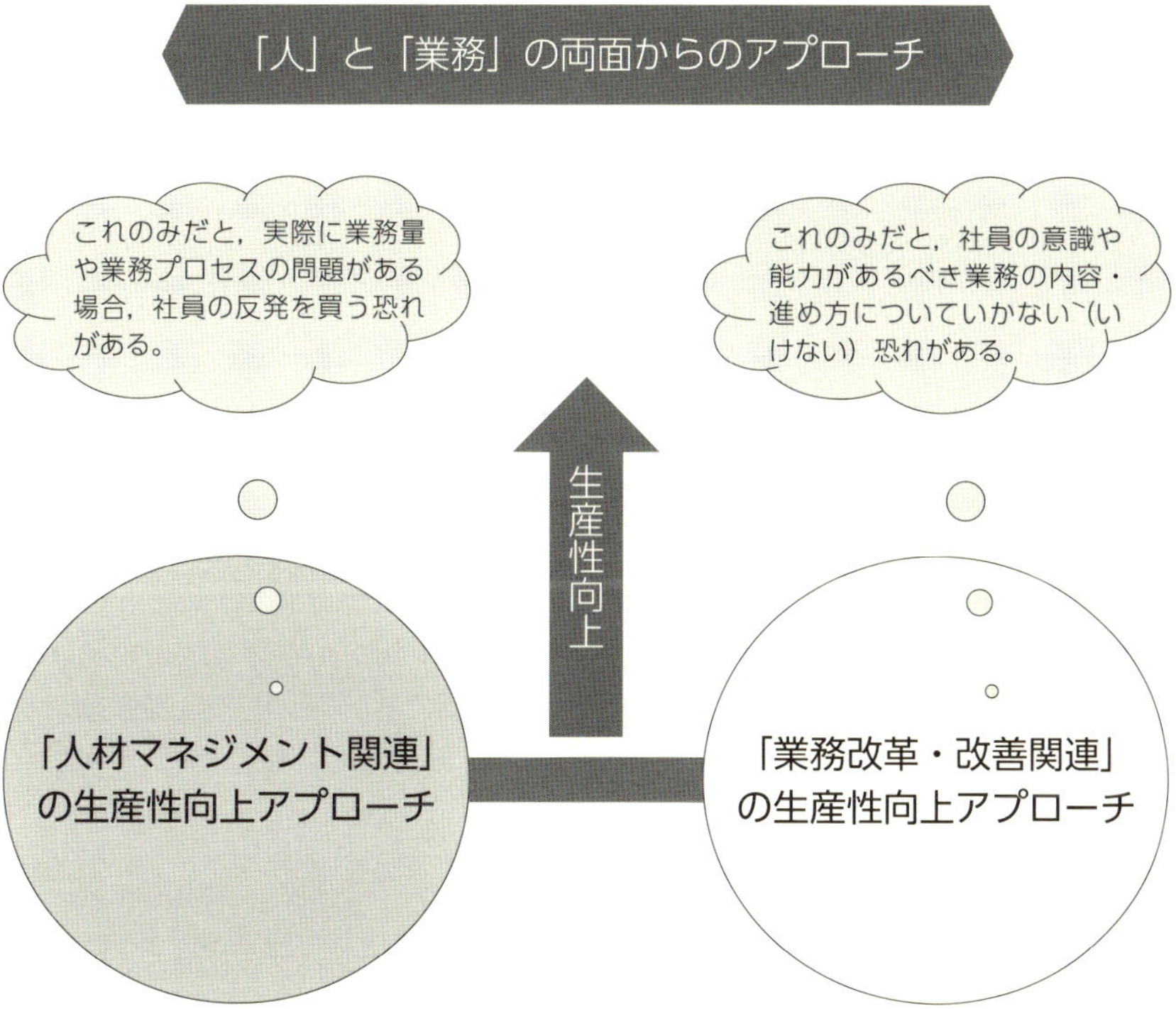

〔著者紹介〕
岩下　広文（いわした　ひろふみ）

株式会社新経営サービス 人事戦略研究所 上席コンサルタント
大阪市立大学商学部を卒業後，国内事業会社において人事・総務等の実務に従事。その後，人事アウトソーシング会社，外資系大手コンサルティングファーム（監査法人系）にて人事コンサルティング業務に従事した後，現職。人事コンサルティング歴は15年以上にわたっており，人事評価・賃金制度構築や退職金制度設計だけでなく，組織・人事面における幅広いテーマでのコンサルティング経験を有する。

人事コンサルタントが教える
生産性アップにつながる「50」の具体策

2018年12月10日　第1版第1刷発行

著者　岩　下　広　文
発行者　山　本　　継
発行所　㈱中央経済社
発売元　㈱中央経済グループパブリッシング

〒101-0051　東京都千代田区神田神保町1-31-2
電話　03（3293）3371（編集代表）
03（3293）3381（営業代表）
http://www.chuokeizai.co.jp/
印刷／東光整版印刷㈱
製本／㈲井上製本所

＊頁の「欠落」や「順序違い」などがありましたらお取り替えいたしますので発売元までご送付ください。（送料小社負担）
ISBN978-4-502-28951-4　C3034